Impressum
Verlag: BABADADA GmbH, Nedderfeld 112 , 22529 Hamburg
Geschäftsführer / Verlagsleitung: Harald Hof
Druck: Books on Demand GmbH, In de Tarpen 42, 22848 Norderstedt

Imprint
Publisher: BABADADA GmbH, Nedderfeld 112 , 22529 Hamburg, Germany
Managing Director / Publishing direction: Harald Hof
Print: Books on Demand GmbH, In de Tarpen 42, 22848 Norderstedt

koulu

chikoro

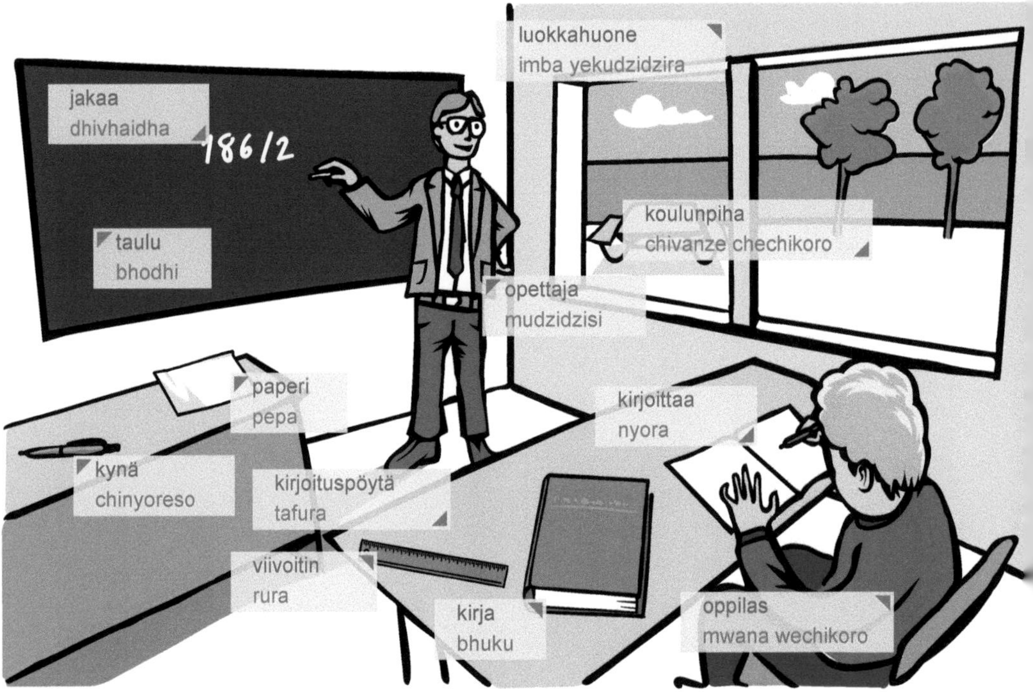

luokkahuone
imba yekudzidzira
jakaa
dhivhaidha
186/2
koulunpiha
chivanze chechikoro
taulu
bhodhi
opettaja
mudzidzisi
paperi
pepa
kirjoittaa
nyora
kynä
chinyoreso
kirjoituspöytä
tafura
viivoitin
rura
kirja
bhuku
oppilas
mwana wechikoro

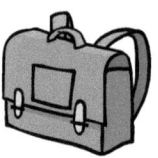

reppu

bhegi

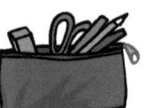

penaali

chekuchengetera mapenzura

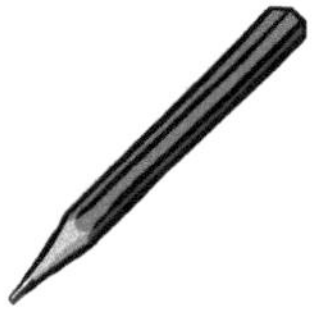

lyijykynä

penzura

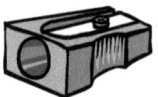

kynänteroitin

chekurodzesa mapenzura

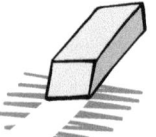

pyyhekumi

rabha

piirustuslehtiö

bhuku rekudhirowera mifananidzo

piirustus

mufananidzo
wakadhirowewa

pensseli

bhurasho rekupendesa

vesivärit

bhokisi rependi

sakset

chigero

liima

guruu

harjoituskirja

bhuku rekunyorera

kotitehtävä

basa rinoitirwa kumba

12

luku

nhamba

2+2

lisätä

sanganisa

5-2

vähentää

bvisa

2×2

kertoa

wanziridza

laskea

kakureta

kirjain

bhii

ABCDEFG
HIJKLMN
OPQRSTU
VWXYZ

aakkoset

arufabheti

hello

sana

shoko

teksti

mashoko

lukea

kuverenga

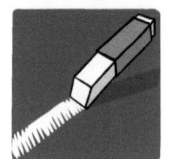

liitu

choko

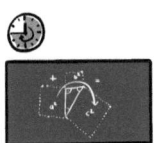

oppitunti

chidzidzo

opettajan muistikirja

bhuku remazita

koe

bvunzo

todistus

setifiketi

koulupuku

yunifomu yekuchikoro

koulutus

dzidzo

sanakirja

encyclopedia

yliopisto

yunivhesiti

mikroskooppi

maikorosikopu

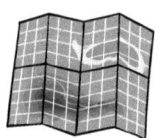

kartta

mepu

roskakori

bhini remapepa

hotelli
hotera

retkeilymaja
mahostera

ROOMS

rahanvaihto
panochinjwa mari

CHANGE

matkalaukku
sutukesi

auto
mota

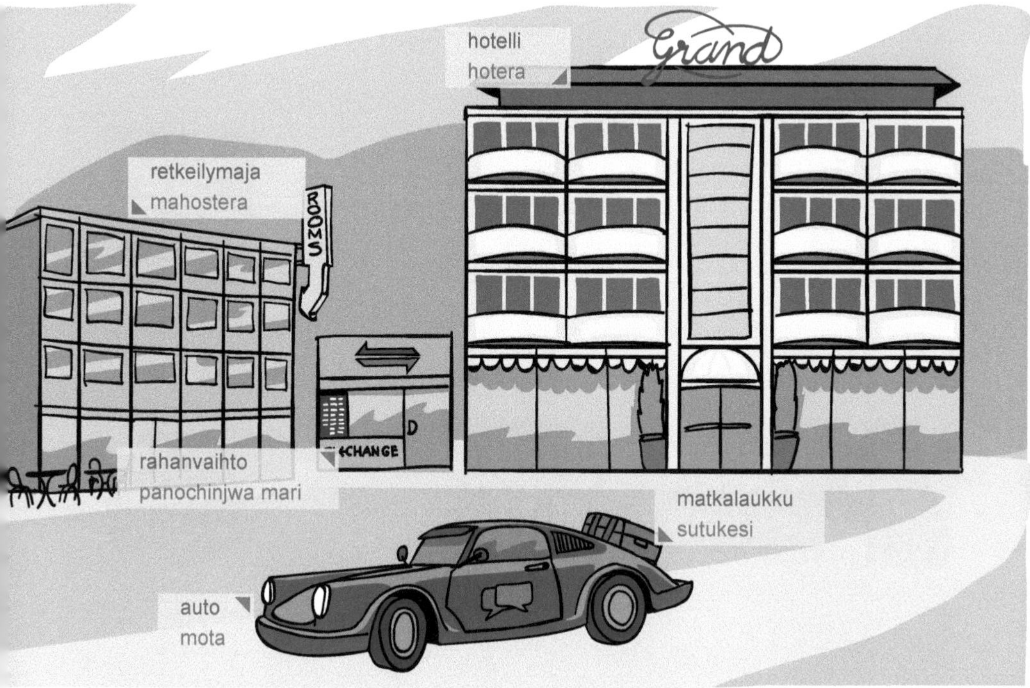

kieli
....
mutauro

kyllä / ei
....
hongu / kwete

selvä
....
Zvakanaka

hei
....
hesi

tulkki
....
mushanduri

kiitos
....
Mazvita

Paljonko...maksaa?

Imarii... ?

en ymmärrä

Handisi kunzwisisa

ongelma

dambudziko

Hyvää iltaa!

Manheru!

Hyvää huomenta!

Mangwanani!

Hyvää yötä!

Murare zvakanaka

näkemiin

toonana

suunta

mafambiro

matkatavarat

katundu

laukku

bhegi

reppu

bhegi rekumusana

vieras

muenzi

huone

imba

makuupussi

bhegi rekurarira

teltta

tendi

turisti-info

mashoko evafambi

ranta

mahombekombe

luottokortti

kadhi rekubhengi

aamupala

kudya kwemangwanani

lounas

kudya kwemasikati

päivällinen

kudya kwemanheru

matkalippu

tiketi

hissi

chikwidzo

postimerkki

chitambi

raja

muganhu

tulli

vanoona nezvekupinda munyika

suurlähetystö

vamiriri venyika

viisumi

vhiza

passi

pasipoti

kuljetus

zvifambiso

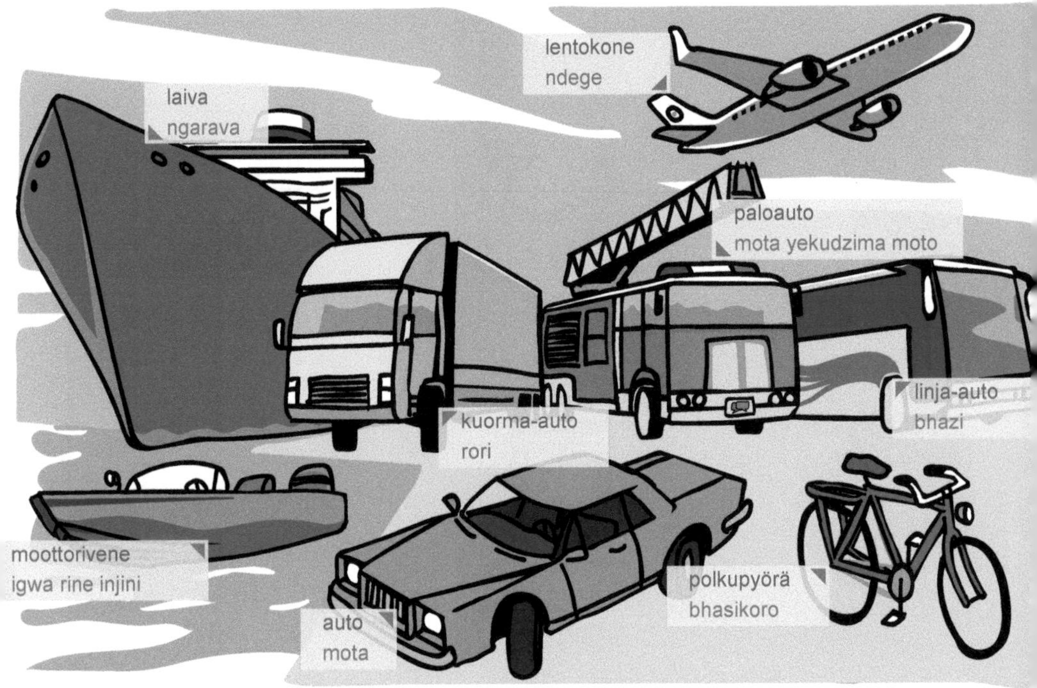
lentokone
ndege
laiva
ngarava
paloauto
mota yekudzima moto
linja-auto
bhazi
kuorma-auto
rori
moottorivene
igwa rine injini
polkupyörä
bhasikoro
auto
mota

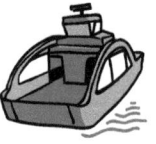

lautta

igwa

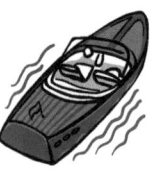

vene

igwa

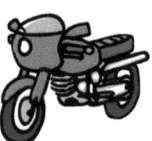

moottoripyörä

mudhudhudhu

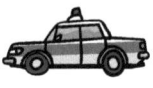

poliisiauto

mota yemapurisa

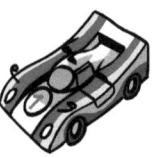

kilpa-auto

mota yemujaho

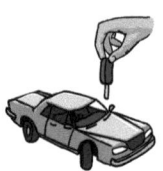

vuokra-auto

mota yekuhaya

car sharing

kuhaya mota

hinausauto

mota inodhonza dzinenge dzafa

roska-auto

mota yemabhini

moottori

injini

polttoaine

mafuta

huoltoasema

garaji remafuta

liikennemerkki

chikwangwani chemumugwagwa

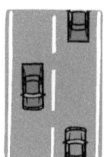

liikenne

mota

ruuhka

mota dzakawandisa

parkkipaikka

panopakwa mota

rautatieasema

chiteshi chezvitima

raiteet

njanji

juna

chitima

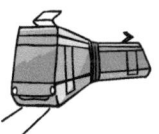

raitiovaunu

tram

vaunu

chitima

helikopteri

chikopokopo

lentokenttä

nhandare yendege

lähilennonjohto

nharire

matkustaja

mufambi

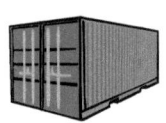

kontti

chikondena

pahvilaatikko

kadhibhodhi bhokisi

kärryt

ngoro

kori

bhasiketi

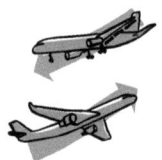

nousta / laskea

simuka / mhara

kaupunki

guta

kylä

musha

keskusta

pakati peguta

talo

imba

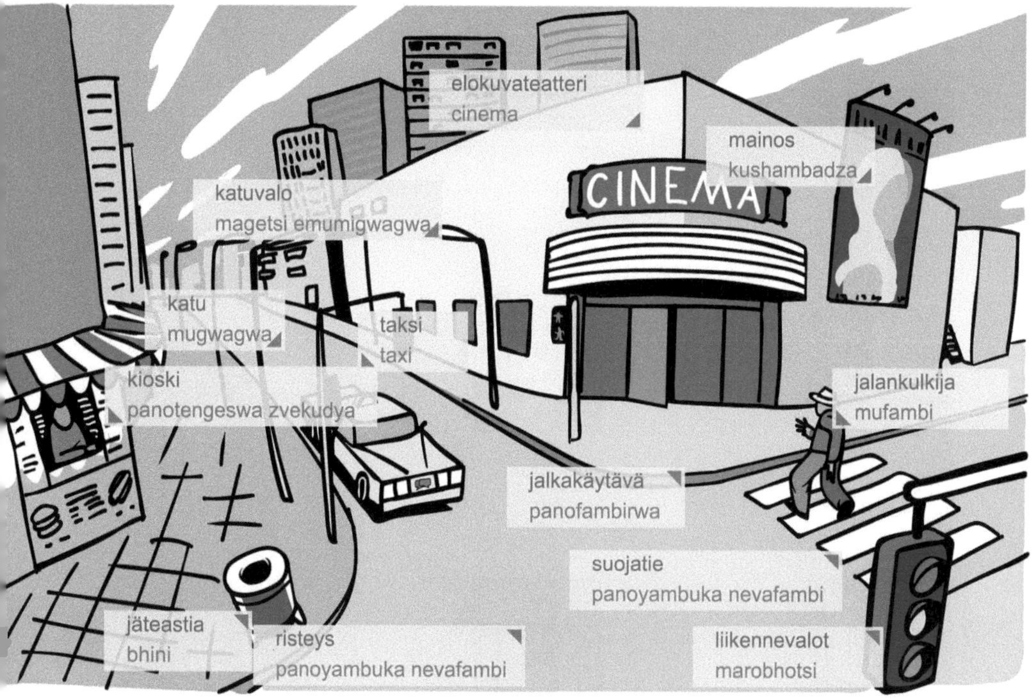

elokuvateatteri
cinema
CINEMA
mainos
kushambadza
katuvalo
magetsi emumigwagwa
katu
mugwagwa
taksi
taxi
kioski
panotengeswa zvekudya
jalankulkija
mufambi
jalkakäytävä
panofambirwa
suojatie
panoyambuka nevafambi
jäteastia
bhini
risteys
panoyambuka nevafambi
liikennevalot
marobhotsi

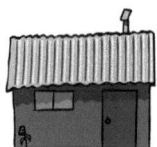

mökki
imba

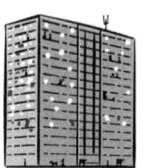

kerrostalo
mafurati

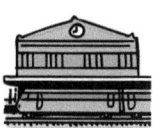

rautatieasema
chiteshi chezvitima

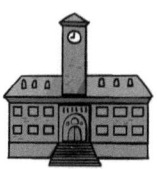

kaupungintalo
imba yeguta

MUSEUM
museo
muziyamu

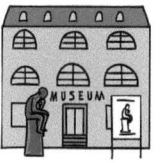

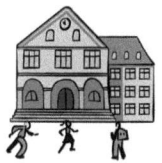

koulu
chikoro

yliopisto

yunivhesiti

pankki

bhengi

sairaala

chipatara

hotelli

hotera

apteekki

panotengeswa mishonga

toimisto

hofisi

kirjakauppa

chitoro chemabhuku

liike

chitoro

kukkakauppa

panotengeswa maruva

supermarketti

supamaketi

tori

musika

tavaratalo

chitoro chine
madhipatimendi

kalakauppias

panotengeswa hove

ostoskeskus

nzimbo ine zvitoro

satama

chiteshi chengarava

puisto

paki

penkki

bhenji

silta

bhiriji

portaat

masitepisi

metro

nzira inoenda nepasi

tunneli

mugwagwa wepasi

linja-autopysäkki

panokwirirwa mabhazi

baari

bhawa

ravintola

resitorendi

postilaatikko

bhokisi retsamba

katukyltti

chikwangwani
chemugwagwa

parkkimittari

mita yekupaka

eläintarha

munochengeterwa mhuka

uimala

kunotuhwinirwa

moskeija

mosque

maatila
purazi

ympäristön saastuminen
kusvibisa

hautausmaa
kumakuva

kirkko
chechi

leikkikenttä
pekutambira

temppeli
temberi

maisema
mamiriro akaita nzvimbo

lehti
shizha

tienviitta
chikwangwani

tie
nzira

niitty
mafuro

kivi
dombo

retkeilijä
mufambi

puu
muti

joki
rwizi

ruoho
uswa

kukka
ruva

laakso

mupata

vuori

gomo

järvi

dhamu

metsä

sango

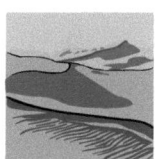

aavikko

gwenga

tulivuori

chikwatamabwe

linna

zimba

sateenkaari

muraraungu

sieni

hohwa

palmu

muchindwe

hyttynen

umhutu

kärpänen

nhunzi

muurahainen

svosve

mehiläinen

nyuchi

hämähäkki

buve

kovakuoriainen

chipembenene

sammakko

datya

orava

tsindi

siili

nungu

jänis

tsuro

pöllö

zizi

lintu

shiri

joutsen

swan

villisika

nguruve yemusango

peura

nondo

hirvi

moose

pato

dhamu

tuulimylly

injini yemhepo

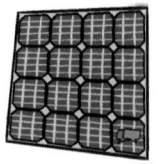

aurinkopaneeli

panero rezuva

ilmasto

mamiriro ekunze

ravintola
resitorendi

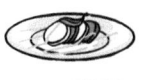

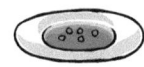

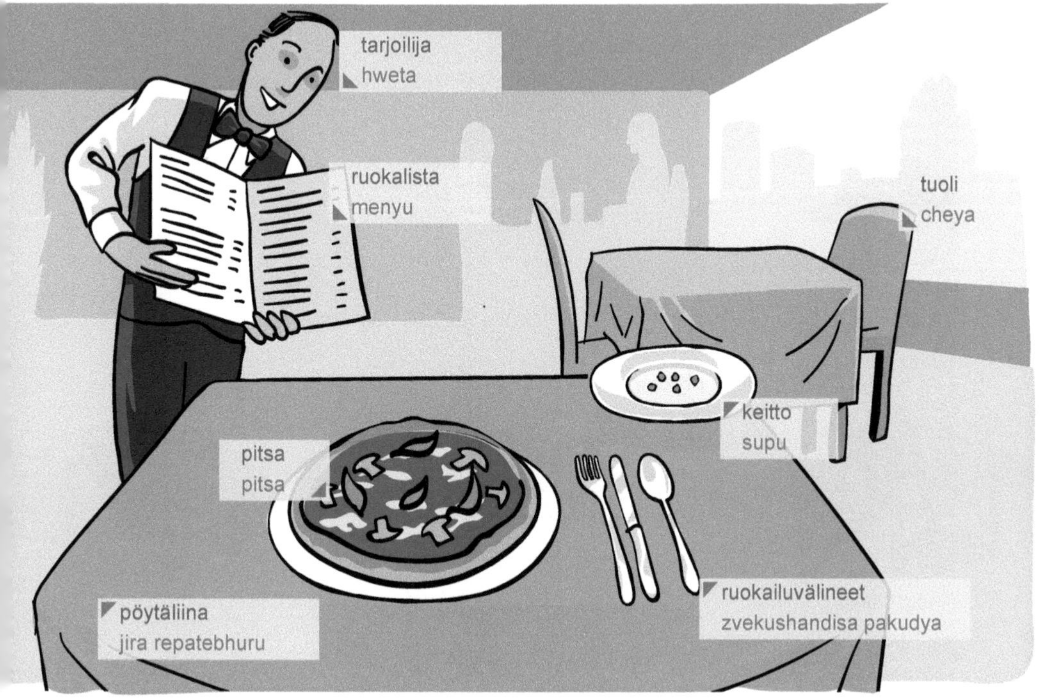

tarjoilija
hweta
ruokalista
menyu
tuoli
cheya
keitto
supu
pitsa
pitsa
pöytäliina
jira repatebhuru
ruokailuvälineet
zvekushandisa pakudya

alkuruoka

zvekusosa nzara

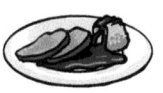

pääruoka

zvekudya

jälkiruoka

zvekuseredzera

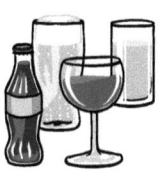

juomat

zvekunwa

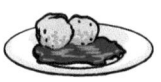

ruoka

zvekudya

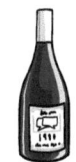

pullo

bhodhoro

pikaruoka

zvekudya zvisingatori nguva kubika

katuruoka

chikafu chinotengeswa munzira

teekannu

tipoti

sokeriastia

gabha reshuga

annos

chidimbu

espressokeitin

muchina wekofi

syöttötuoli

cheya yemwana

lasku

bhiri

tarjotin

tureyi

veitsi

banga

haarukka

forogo

lusikka

chipunu

teelusikka

chipunu

servietti

zvekupukutisa muromo

lasi

girazi

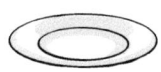

lautanen

ndiro

syvä lautanen

ndiro yesupu

aluslautanen

ndiro

kastike

supu

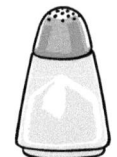

suolasirotin

chekuisira sauti

pippurimylly

chekugaya mhiripiri

etikka

vhiniga

öljy

mafuta

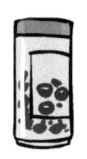

mausteet

masipaisi

ketsuppi

ketchup

sinappi

mustard

majoneesi

mayonaizi

supermarketti
supamaketi

tarjous
zvaderedzwa mitengo
FOR
asiakas
mutengi
maitotuotteet
zvinogadzirwa nemukaka
hedelmät
michero
ostoskärryt
chingoro

BUTCHERS

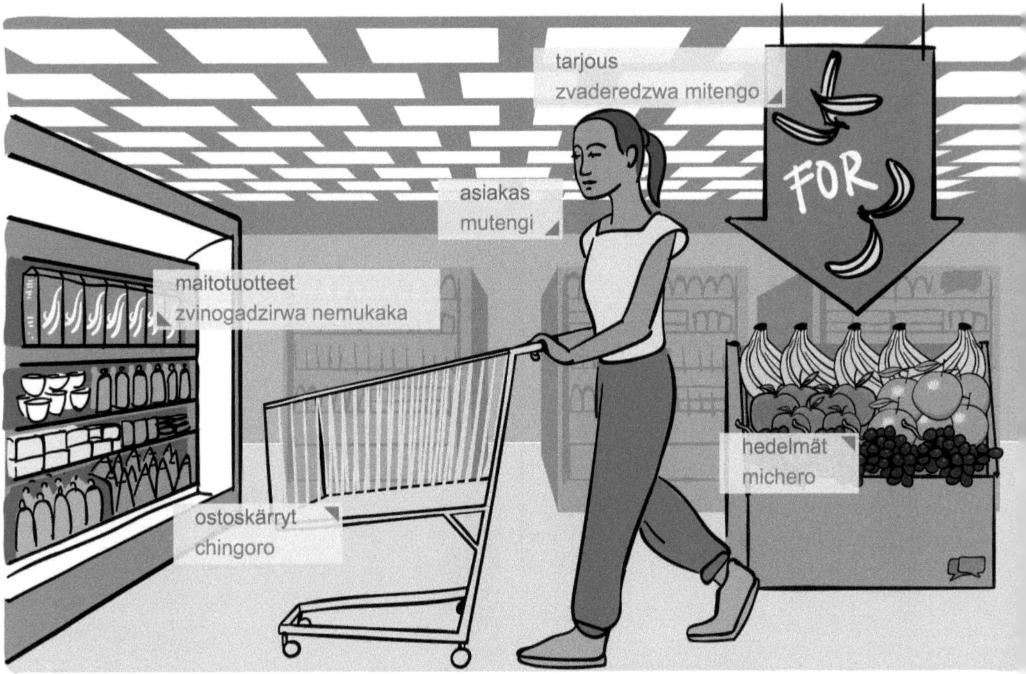

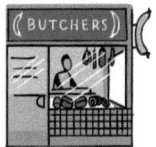

teurastamo

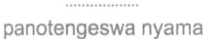

panotengeswa nyama

BAKERY

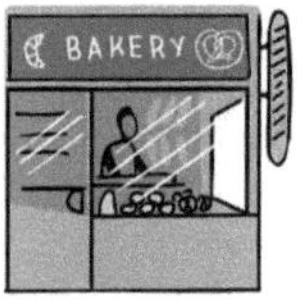

leipomo

panotengeswa chingwa

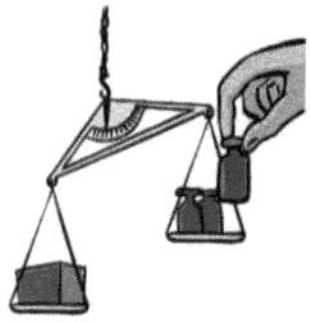

punnita

kuyera

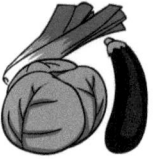

kasvikset

miriwo

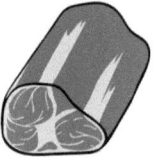

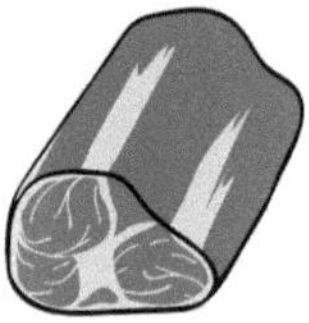

liha

nyama

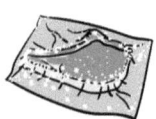

pakasteet

zvekudya zvakaoma nechando

leikkele
nyama yakatonhora

säilykkeet
zvekudya zvemugaba

pesujauhe
sipo yeupfu yekuwachisa

makeiset
masuwiti

kotitaloustarvikkeet
zvekushandisa mumba

puhdistusaineet
zvekuchenesa nazvo

myyjä
mutengesi

kassa
tiru

kassanhoitaja
mutengesi

ostoslista
zviri kuda kutengwa

aukioloajat
nguva dzekuvhura

lompakko
chikwama

luottokortti
kadhi rekubhengi

kassi
bhegi

muovipussi
pepa rekuisira

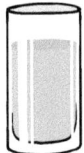

vesi

mvura

mehu

muto wemichero

maito

mukaka

kokis

coke

viini

waini

olut

doro

alkoholi

doro

kaakao

cocoa

tee

tii

kahvi

kofi

espresso

kofi

cappuccino

cappuccino

banaani

bhanana

omena

apuro

appelsiini

orenji

meloni

nwiwa

sitruuna

ndimu

porkkana

karotsi

valkosipuli

gariki

bambu

mushenjere

sipuli

hanyanisi

sieni

hohwa

pähkinät

nzungu

spagetti

manoodle

spagetti

spaghetti

riisi

mupunga

salaatti

saradhi

ranskalaiset

machipisi

paistetut perunat

mbatatisi dzakafuraiwa

pitsa

pitsa

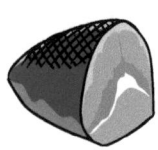

hampurilainen

chingwa chakaruma nyama

voileipä

sangweji

leike

nhindi

kinkku

ham

salami

salami

makkara

soseji

kana

huku

paisti

gochwa

kala

hove

kaurahiutaleet

bota reoats

mysli

muesli

murot

macornflake

jauho

furawa

voisarvi

croissant

sämpylä

chingwa

leipä

chingwa

paahtoleipä

chingwa chakagochwa

keksit

mabhisikiti

voi

bhata

rahka

ige

kakku

keke

kananmuna

zai

paistettu kananmuna

zai rakafuraiwa

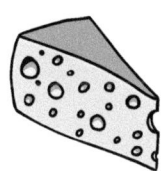

juusto

chizi

jäätelö

aizikirimu

sokeri

shuga

hunaja

huchi

hillo

jemu

suklaapähkinälevite

chocolate yekuzora

curry

curry

maatila
purazi

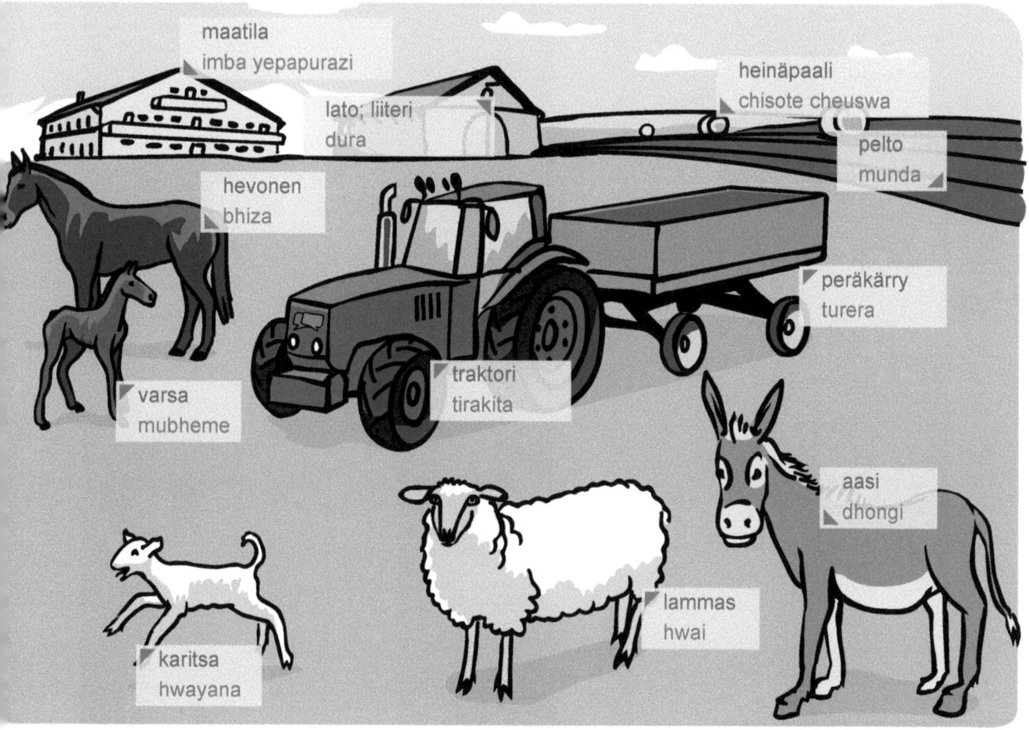
maatila
imba yepapurazi
lato; liiteri
dura
heinäpaali
chisote cheuswa
pelto
munda
hevonen
bhiza
peräkärry
turera
traktori
tirakita
varsa
mubheme
aasi
dhongi
lammas
hwai
karitsa
hwayana

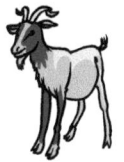

vuohi

mbudzi

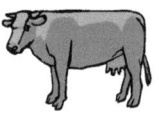

lehmä

mhou

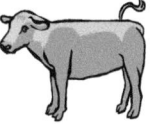

vasikka

mhuru

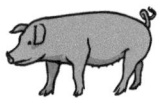

sika

nguruve

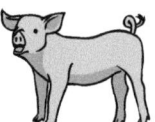

porsas

chigwi

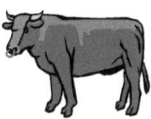

sonni

bhuru

hanhi

dhadha

ankka

dhakisi

tipu

nhiyo

kana

tseketsa

kukko

jongwe

rotta

gonzo

kissa

katsi

hiiri

mbeva

härkä

dhonza

koira

imbwa

koirankoppi

imba yembwa

puutarhaletku

pombi yemvura

kastelukannu

keni yekudiridzisa

viikate

jeko

aura

gejo

sirppi
jeko

kuokka
badza

talikko
forogo

kirves
demo

kottikärryt
bhara

kaukalo
chidyiro

maitokannu
bhodhoro remukaka

säkki
saga

aita
fenzi

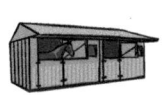

talli
danga

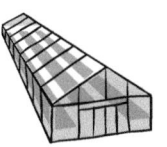

kasvihuone
greenhouse

maa
ivhu

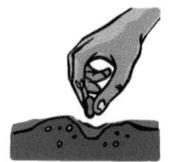

siemen
mbeu

lannoite
fetereza

leikkuupuimuri
mota yekukohwesa

kerätä sato

kukohwa

sato

gohwo

jamssit

mbatatisi

vehnä

gorosi

soija

soya

peruna

mbatatisi

maissi

chibage

rypsi

rapeseed

hedelmäpuu

muti wemichero

maniokki

mufarinya

vilja

mbesa

talo
imba

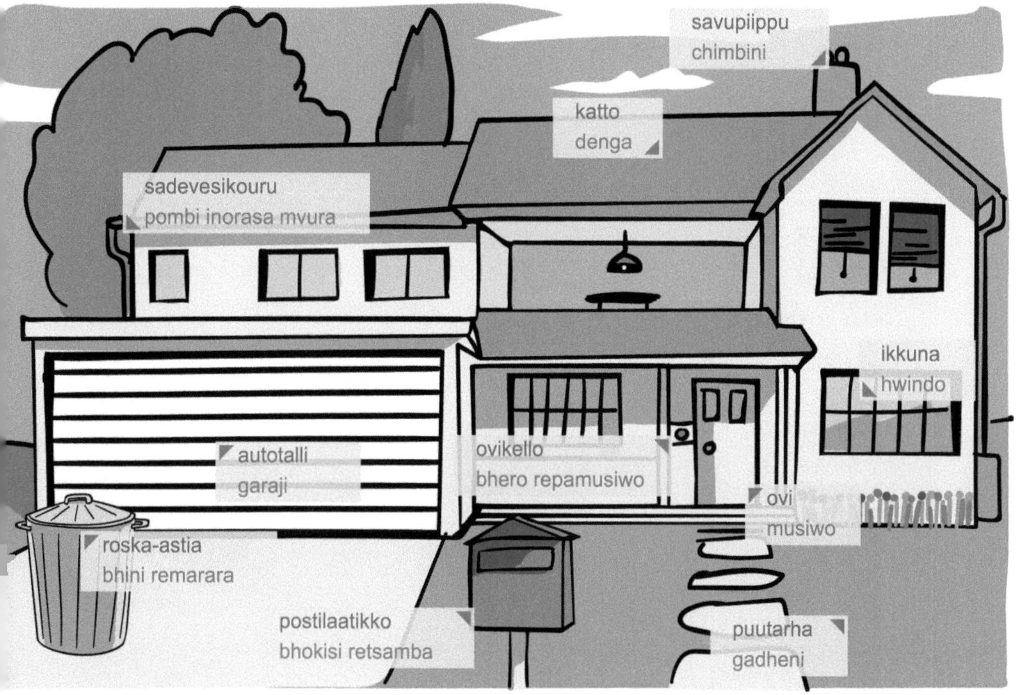

savupiippu
chimbini
katto
denga
sadevesikouru
pombi inorasa mvura
ikkuna
hwindo
autotalli
garaji
ovikello
bhero repamusiwo
ovi
musiwo
roska-astia
bhini remarara
postilaatikko
bhokisi retsamba
puutarha
gadheni

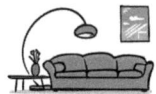

olohuone

imba yekutandarira

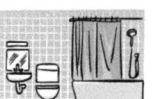

kylpyhuone

mekugezera

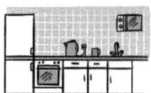

keittiö

kicheni

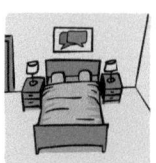

makuuhuone

imba yekurara

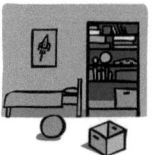

lastenhuone

imba yemwana

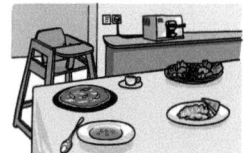

ruokahuone

imba yekudyira

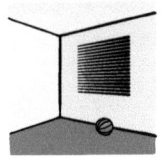

lattia
uriri

seinä
madziro

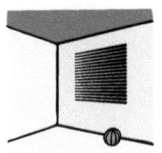

katto
denga

kellari
imba yepasi

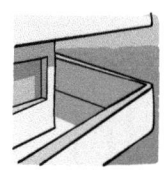

sauna
sauna

parveke
vharanda repadenga

terassi
uriri hwepadenga

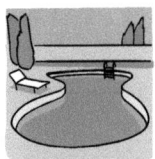

uima-allas
dziva rekushambira

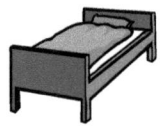

ruohonleikkuri.
muchina wekuchekesa uswa

lakana
jira

päiväpeitto
chekufukidza mubhedha

sänky
mubhedha

harja
bhurumu

ämpäri
bhaketi

katkaisin
suwichi

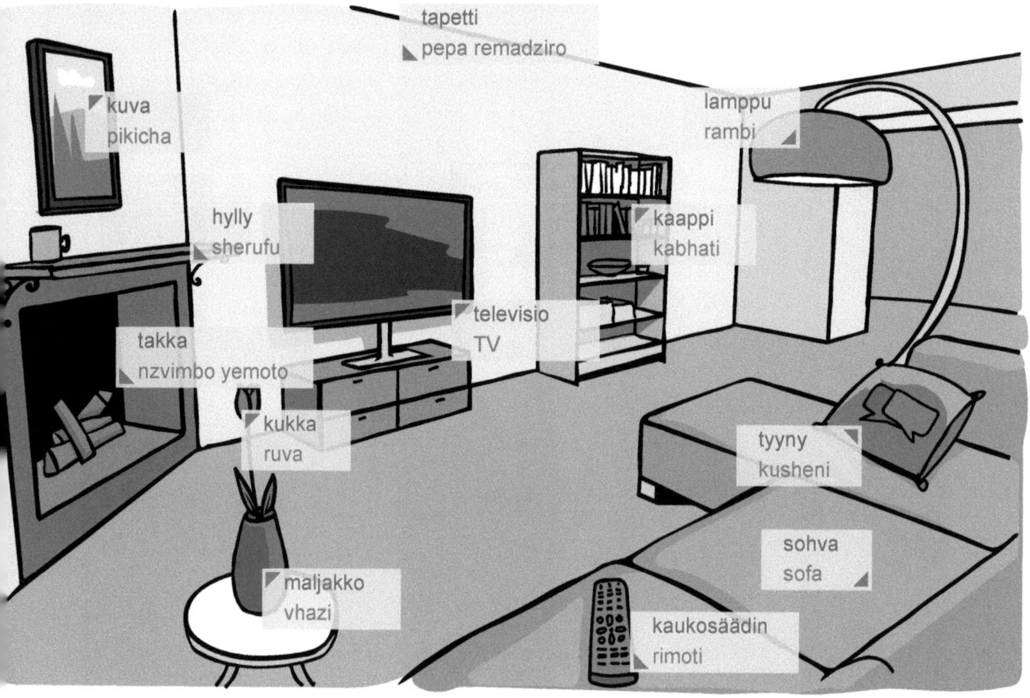

tapetti
pepa remadziro

kuva
pikicha

lamppu
rambi

hylly
sherufu

kaappi
kabhati

takka
nzvimbo yemoto

televisio
TV

kukka
ruva

tyyny
kusheni

sohva
sofa

maljakko
vhazi

kaukosäädin
rimoti

matto
....
kapeti

verho
....
keteni

pöytä
....
tebhuru

tuoli
....
cheya

keinutuoli
....
cheya inozeya

nojatuoli
....
cheya ine pekuisa maoko

kirja

bhuku

peitto

gumbeze

koriste

marongedzero

polttopuut

huni

elokuva

firimu

stereot

redhiyo yehi-fi

avain

kii

sanomalehti

pepanhau

maalaus

mufananidzo

juliste

posita

radio

redhiyo

muistivihko

pekunyorera

pölynimuri

muchina wekuhuvhisa

kaktus

chinanazi

kynttilä

kenduru

keittiö
kicheni

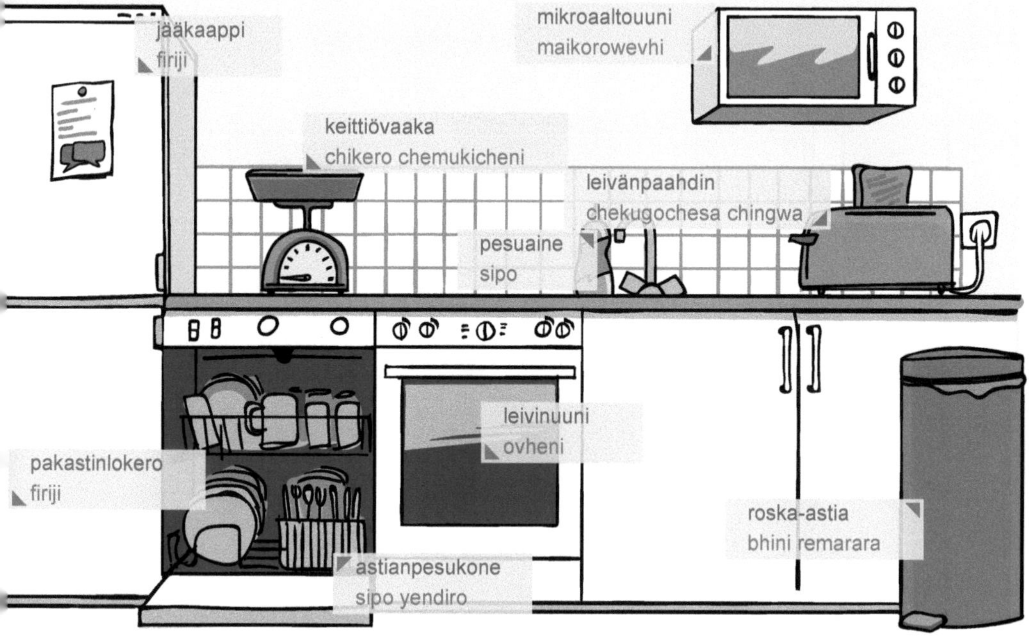

jääkaappi
firiji
mikroaaltouuni
maikorowevhi
keittiövaaka
chikero chemukicheni
leivänpaahdin
chekugochesa chingwa
pesuaine
sipo
leivinuuni
ovheni
pakastinlokero
firiji
roska-astia
bhini remarara
astianpesukone
sipo yendiro

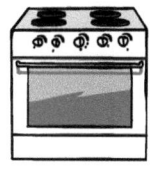

liesi

chitofu

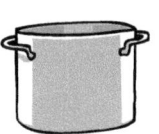

kattila

poto

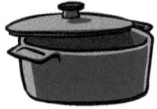

rautapata

poto yesimbi

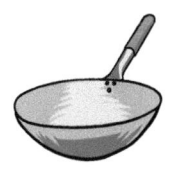

vokkipannu / kadai-pannu

wok / kadai

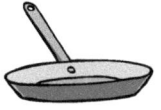

paistinpannu

pani

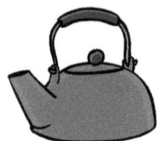

teepannu

ketero

höyrykeitin

chekubikisa neutsi
hwemvura

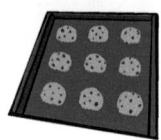

uunipelti

turei yekubhekesa

astiat

ndiro

muki

kapu

kulho

dishi

syömäpuikot

tumiti twekudyisa

kauha

chipunu

paistinlasta

chipunu

vispilä

chekusanganisisa

siivilä

chekukunisa

siivilä

chekukunisa

raastin

chekugiretesa

mortteli

duri

grilli

chiwaya

avotuli

moto

leikkuulauta

chekuchekera

kaulin

chekutsimbiririsa
mukanyiwa

korkinavaaja

chekuvhurisa mabhodhoro
ewaini

purkki

tini

purkinavaaja

chekuvhurisa tini

pannulappu

girovhosi rekubatisa
zvinopisa

lavuaari

singi

tiskiharja

bhurasho

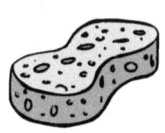

pesusieni

chipanji

tehosekoitin

chinosanganisa

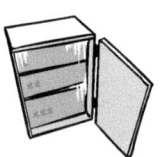

pakastin

firiji

tuttipullo

bhodhoro remwana

vesihana

pombi

kylpyhuone
mekugezera

lämmitys
chinodziisa mumba
suihku
shawa
pyyhe
tauro
suihkuverho
keteni remushawa
vaahtokylpy
mvura yekugeza ine furo
kylpyamme
mekugezera
lasi
girazi
pesukone
muchina wekuwachisa
vesihana
pombi
kaakelit
mataira
potta
chipoti chemwana
lavuaari
singi

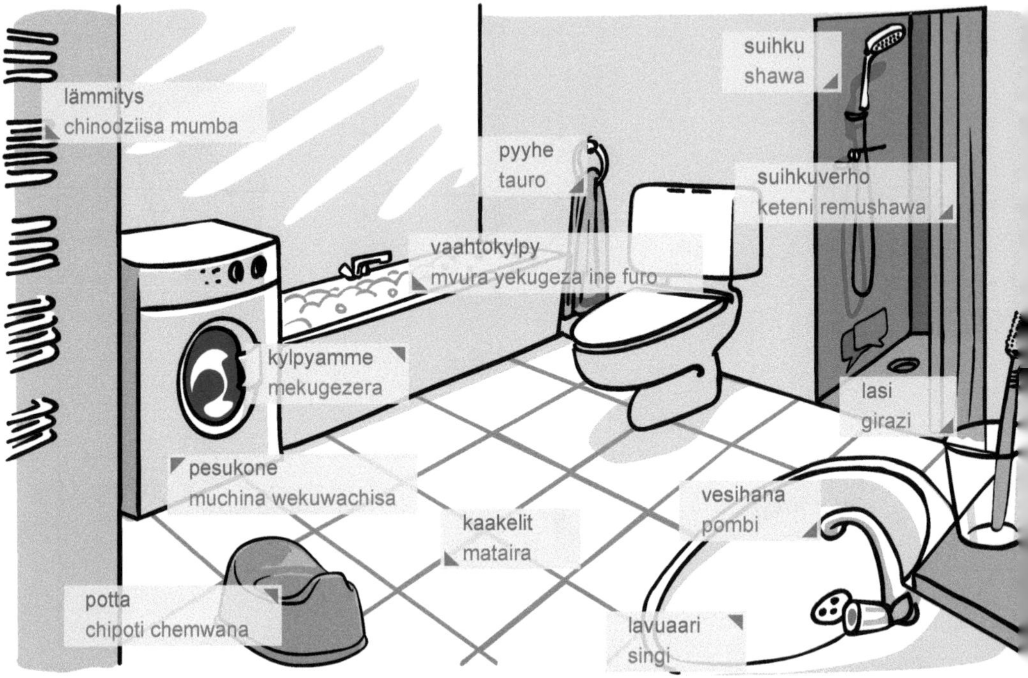

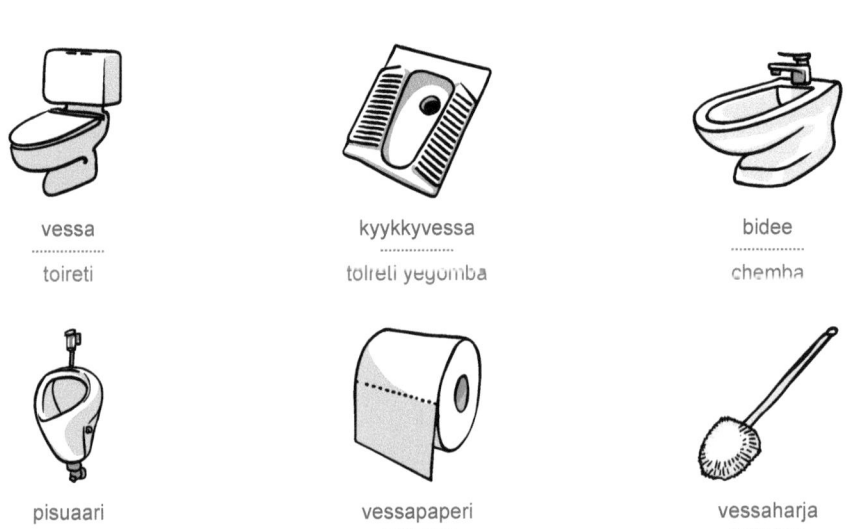

vessa
toireti

kyykkyvessa
toireti yegomba

bidee
chemba

pisuaari
chekuitira weti chevarume

vessapaperi
pepa remutoireti

vessaharja
bhurasho remutoireti

hammasharja

bhurasho remazino

hammastahna

mushonga wemazino

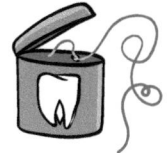

hammaslanka

tambo yekugezesa mazino

pestä

kugeza

käsisuihku

shawa yekuita zvekubata

intiimisuihku

douche

pesuvati

bheseni

selkäharja

bhurasho remusoro

saippua

sipo

suihkugeeli

sipo yekugezesa mushawa

shampoo

shambuu

pesulappu

chekugezesa

viemäri

dhireni

voide

mafuta

deodorantti

chinonhuwirira

peili

girazi

käsipeili

girazi remumaoko

partaveitsi

chekugeresa ndebvu

partavaahto

furo rekugeresa ndebvu

partavesi

mafuta ekuzora wagera ndebvu

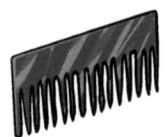

kampa

kamu

harja

bhurasho

hiustenkuivaaja

chekuomesa bvudzi

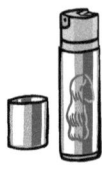

hiuslakka

mushonga wekupfapfaidza musoro

meikki

zvekupodesa

huulipuna

chekupendesa muromo

kynsilakka

chekupendesa nzara

pumpuli

donje

kynsisakset

chigero chenzara

hajuvesi

pefiyumu

kosmetiikkalaukku

bhegi rezvekugezesa

jakkara

chituro

vaaka

chikero

kylpytakki

bathrobe

kumihansikkaat

magirovhosi erabha

tamponi

tampon

terveysside

pedhi

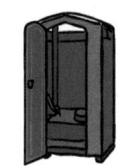

kemiallinen wc

toireti inotakurwa

lastenhuone

imba yemwana

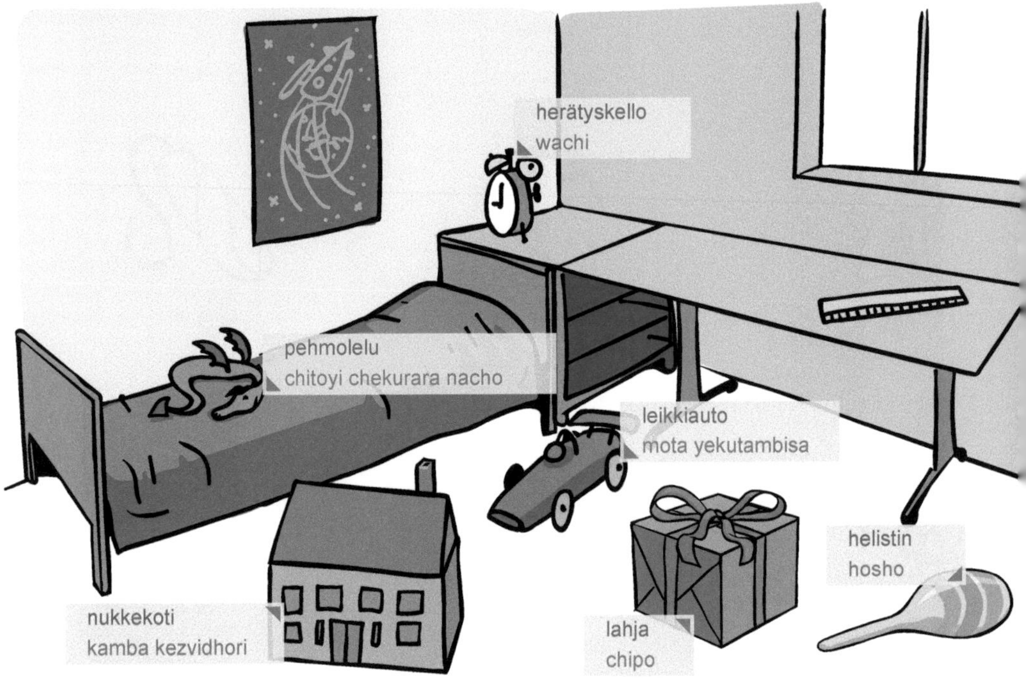

herätyskello
wachi
pehmolelu
chitoyi chekurara nacho
leikkiauto
mota yekutambisa
helistin
hosho
nukkekoti
kamba kezvidhori
lahja
chipo

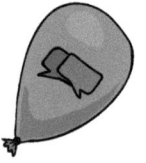

ilmapallo

chibharuma

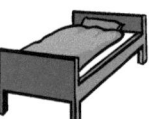

sänky

mubhedha

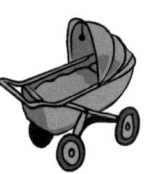

lastenvaunut

purema

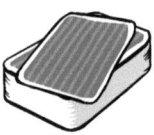

korttipeli

makadhi ekutamba

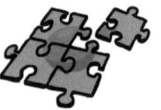

palapeli

puzzle

SUPER MEGA

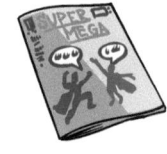

sarjakuva

makatuni ekuverenga

legopalikat

zvekuvakisa zvinhu

rakennuspalikat

mabhuroko ekuvakisa

supersankari

chidhori

potkupuku

babygrow

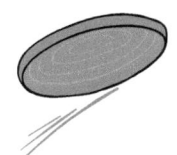

frisbee

chekutambisa uchikanda

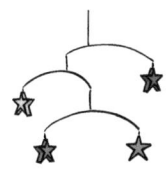

mobile

zvekuvaraidza mwana

lautapeli

gemu rinotambirwa
pabhodhi

noppa

dhaisi

pienoisjunarata

zvitima zvekutambisa

tutti

chidhami

juhlat

mabiko

kuvakirja

bhuku remapikicha

pallo

bhora

nukke

chidhori

leikkiä

kutamba

hiekkalaatikko

majecha ekutambira

keinu

muzeerere

lelut

zvekutambisa

pelikonsoli

chekutambisa magemu
emavhidhiyo

kolmipyörä

kabhasikoro kemavhiri
matatu

nalle

teddy bear

vaatekaappi

wadhiropu

vaatteet

zvipfeko

sukat

masokisi

nylonsukat

masokisi

sukkahousut

matirauzi anobata muviri

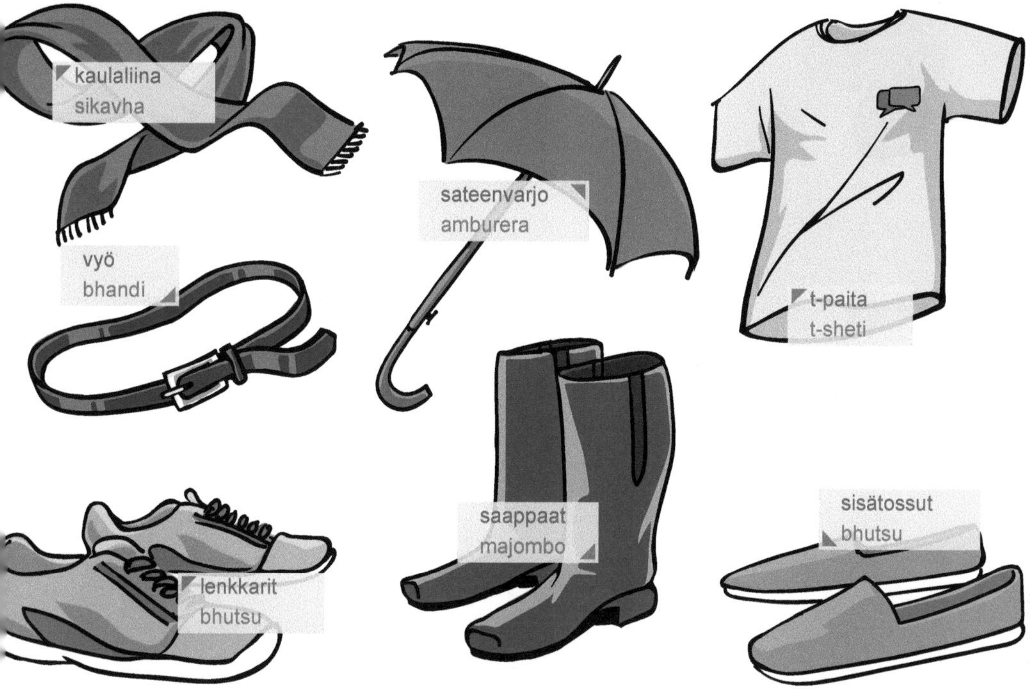

kaulaliina
sikavha

sateenvarjo
amburera

t-paita
t-sheti

vyö
bhandi

saappaat
majombo

sisätossut
bhutsu

lenkkarit
bhutsu

sandaalit
masanduru

kengät
bhutsu

kumisaappaat
magambutsu

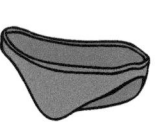

alushousut
nduwe

rintaliivit
bhodhi

aluspaita
vhesi

body

muviri

housut

tirauzi

farkut

jini

hame

siketi

pusero

bhurauzi

paita

hembe

villapaita

bhachi

collegepaita

chibhachi

jakku

bhachi

takki

bhachi

takki

jasi

sadetakki

renikoti

puku

koshitomu

mekko

dhirezi

hääpuku

dhirezi remuchato

puku

sutu

yöpaita

hembe yekurarisa

pyjama

mapijama

shari

chari

päähuivi

headscarf

turbaani

heti

burka

burqa

kaftaani

kaftan

abaya

abaya

uimapuku

hembe yekutuhwinisa

uimahousut

chikabudura

shortsit

chikabudura

verkkarit

tirekisutu

esiliina

apuroni

käsineet

magirovhosi

nappi

bhatani

silmälasit

magirazi

rannekoru

bhenguru

kaulakoru

chuma

sormus

rin'i

korvakoru

mhete

lippalakki

kepisi

ripustin

hen'a

hattu

heti

solmio

tai

vetoketju

zipi

kypärä

herumeti

henkselit

mabhandi

koulupuku

yunifomu yekuchikoro

univormu

yunifomu

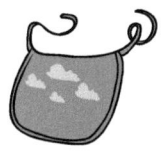

ruokalappu

chibhibhi

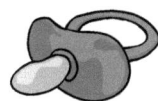

tutti

chidhami

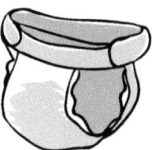

vaippa

napukeni

toimisto
hofisi

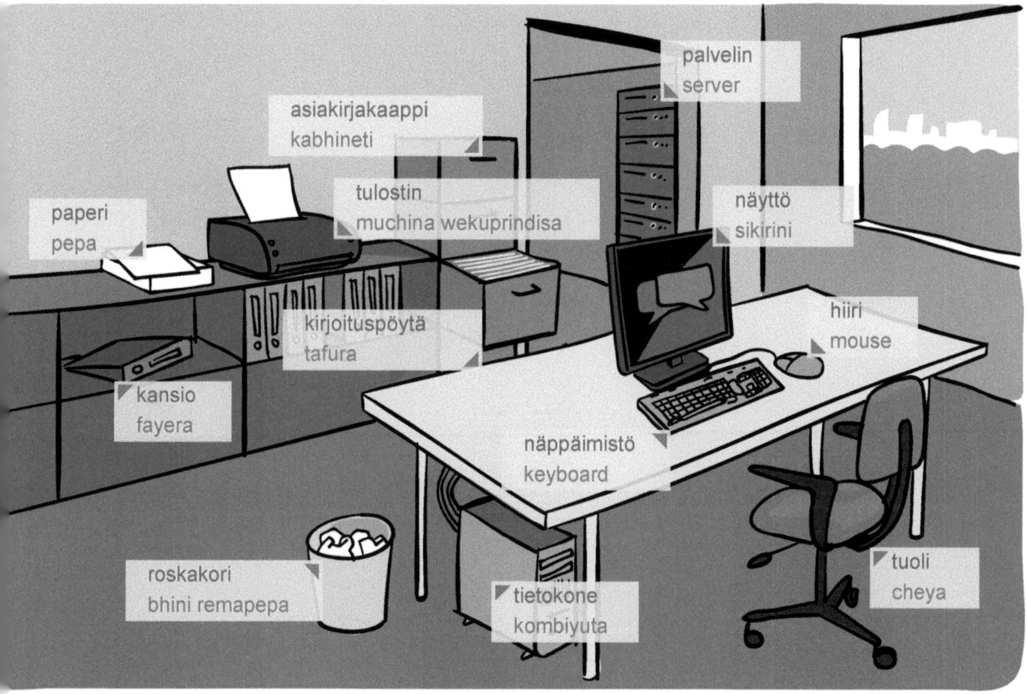

palvelin
server
asiakirjakaappi
kabhineti
tulostin
muchina wekuprindisa
paperi
pepa
näyttö
sikirini
kirjoituspöytä
tafura
hiiri
mouse
kansio
fayera
näppäimistö
keyboard
roskakori
bhini remapepa
tietokone
kombiyuta
tuoli
cheya

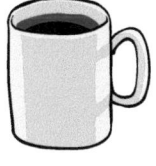

kahvimuki

kapu yekofi

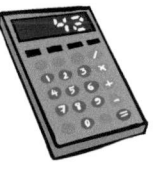

taskulaskin

kakureta

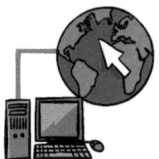

internet

indaneti

kannettava tietokone

laptop

kirje

tsamba

viesti

tsamba

kännykkä

serura

verkko

network

kopiokone

muchina wekufotokopesa

ohjelmisto

software

puhelin

foni

pistorasia

pekupfekera magetsi

faksi

muchina wefax

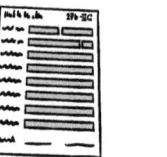

lomake

fomu

asiakirja

gwaro

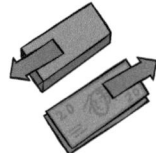

ostaa

kutenga

maksaa

kubhadhara

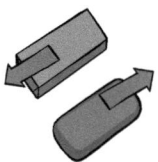

vaihtaa

kutengesa

raha

mari

USD

dollari

Dhora

EUR

euro

Euro

JPY

jeni

Yen

RUB

rupla

rouble

CHF

frangi

Swiss franc

CNY

renminbi juan

renminbi yuan

INR

rupia

rupee

pankkiautomaatti

panobhadharwa

rahanvaihto

panochinjwa mari

kulta

goridhe

hopea

sirivha

öljy

mafuta

energia

magetsi

hinta

mutengo

sopimus

chibvumirano

vero

mutero

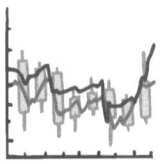

osake

masitoku

työskennellä

kushanda

työntekijä

mushandi

työnantaja

mushandirwi

tehdas

fekitari

liike

chitoro

ammatit
mabasa

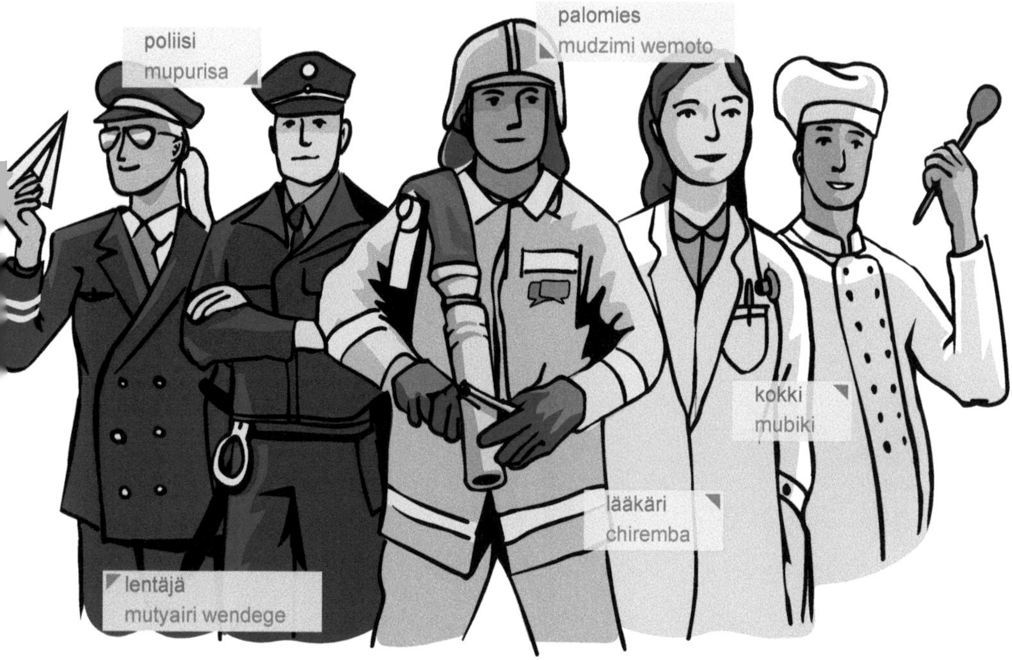

poliisi
mupurisa
palomies
mudzimi wemoto
kokki
mubiki
lääkäri
chiremba
lentäjä
mutyairi wendege

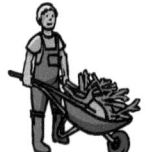

puutarhuri

mushandi wemugadheni

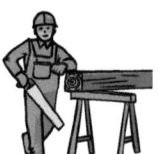

puuseppä

muvezi

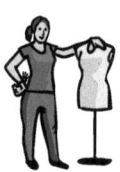

ompelija

mukadzi anosona

tuomari

mutongi

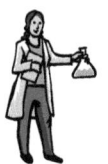

kemisti

anoita zvemishonga

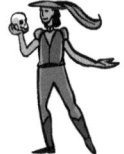

näyttelijä

ekita

linja-autonkuljettaja

mutyairi webhazi

taksinkuljettaja

mutyairi wetaxi

kalastaja

muredzi

siivooja

mudzimai anochenesa

katontekijä

anogadzira denga

tarjoilija

hweta

metsästäjä

muvhimi

maalari

anopenda

leipuri

mubiki wechingwa

sähköasentaja

mugadziri wemagetsi

rakentaja

muvaki

insinööri

injiniya

teurastaja

mushandi wemubhucha

putkiasentaja

puramba

postinjakaja

positimeni

sotilas
musoja

arkkitehti
anoita mapurani edzimba

kassanhoitaja
mutengesi

floristi
mugadziri wemaruva

kampaaja
mugadziri wemusoro

konduktööri
kondakita

mekaanikko
makanika

kapteeni
kaputeni

hammaslääkäri
chiremba wemazino

tiedemies
musayindisti

rabbi
rabbi

imaami
imam

munkki
mumonk

pappi
mufundisi

työkalut
maturusi

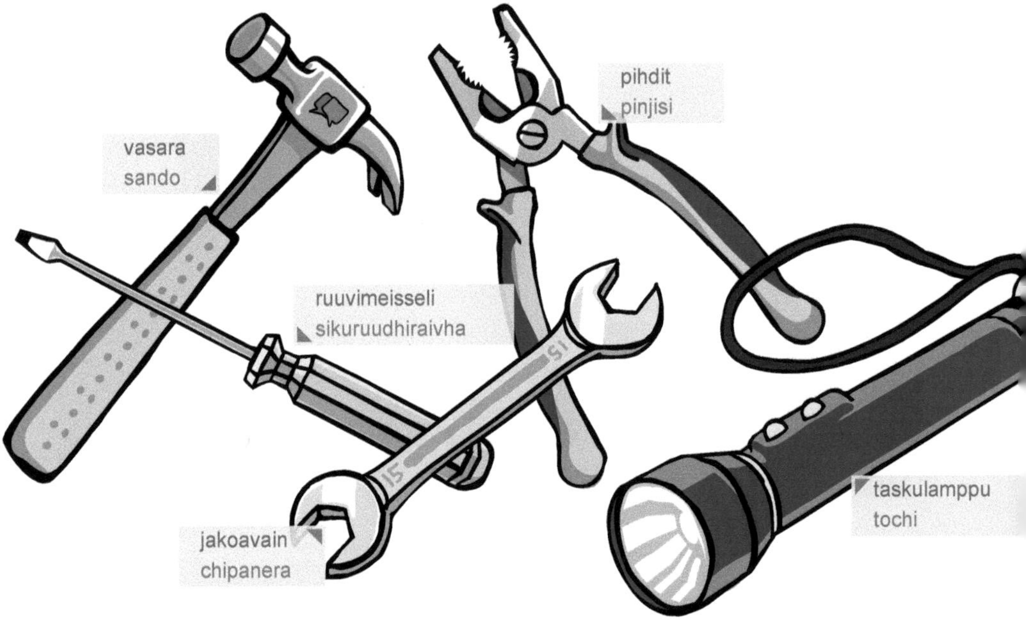

pihdit
pinjisi
vasara
sando
ruuvimeisseli
sikuruudhiraivha
taskulamppu
tochi
jakoavain
chipanera

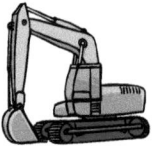

kaivinkone

chikatapira

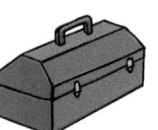

työkalupakki

bhokisi rematurusi

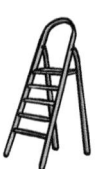

tikkaat

manera

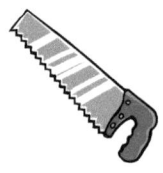

saha

saha

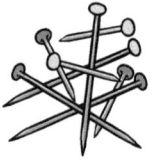

naulat

zvipikiri

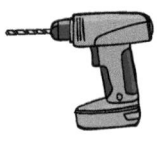

pora

chibooreso

korjata

kugadzira

lapio

foshoro

Hitto!

Nxa!

rikkalapio

chidyoreso

maalipurkki

gaba rependi

ruuvit

masikuruu

soittimet
zviridzwa

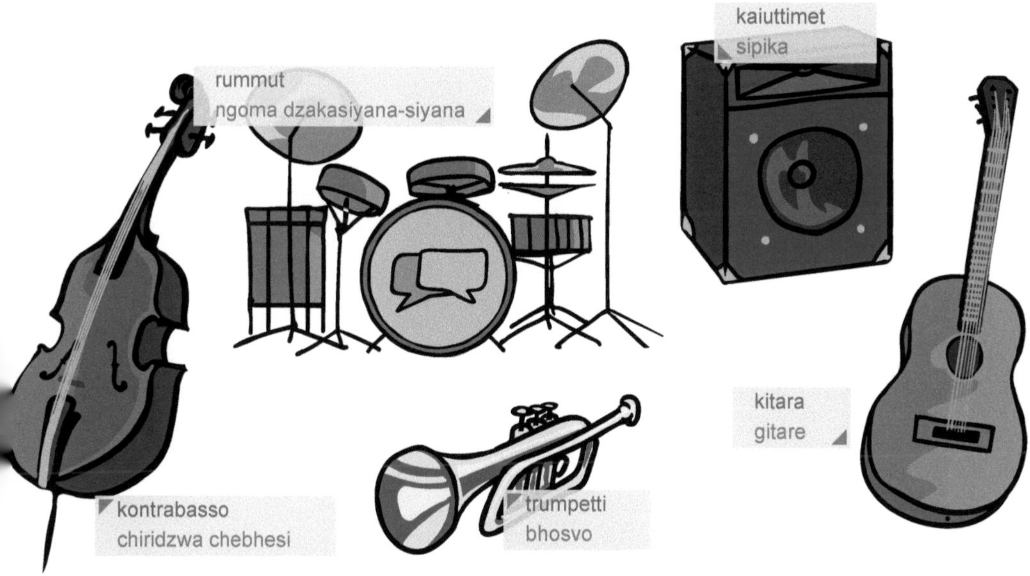

rummut
ngoma dzakasiyana-siyana

kaiuttimet
sipika

kontrabasso
chiridzwa chebhesi

trumpetti
bhosvo

kitara
gitare

piano

piyano

viulu

violin

basso

gitare rebhesi

patarummut

ngoma

rumpu

ngoma

kosketinsoitin

piyano yemagetsi

saksofoni

saxophone

huilu

nyere

mikrofoni

maikorofoni

eläintarha
munochengeterwa mhuka

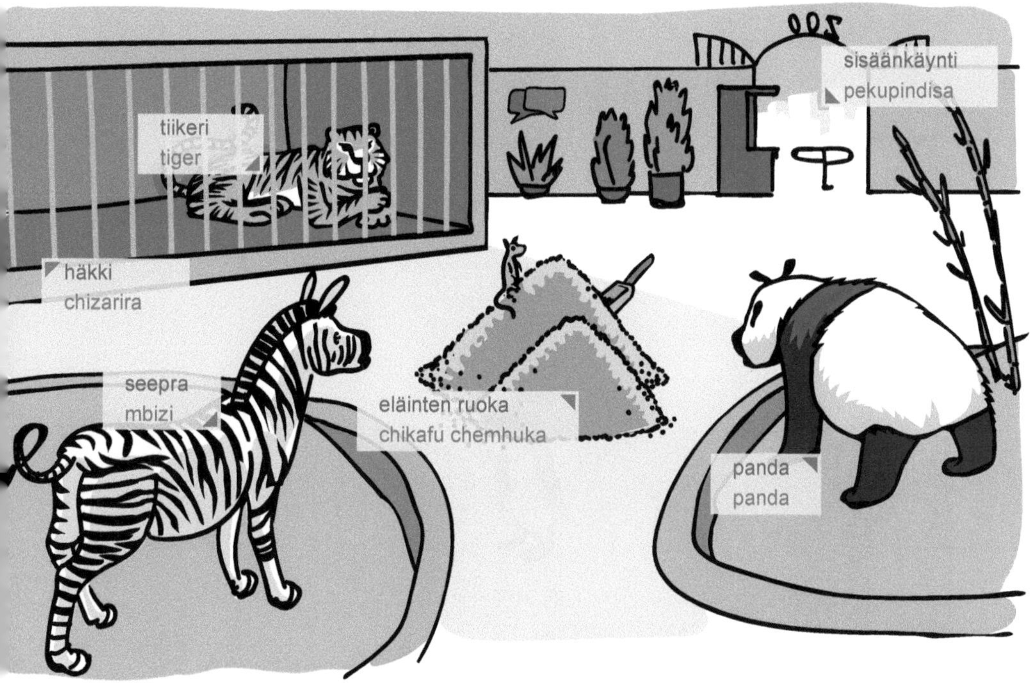

sisäänkäynti
pekupindisa
tiikeri
tiger
häkki
chizarira
seepra
mbizi
eläinten ruoka
chikafu chemhuka
panda
panda

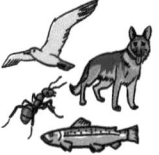

eläimet

mhuka

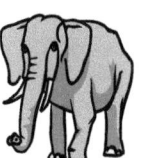

norsu

nzou

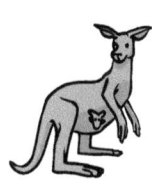

kenguru

kangaruru

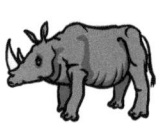

sarvikuono

chipembere

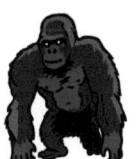

gorilla

gorilla

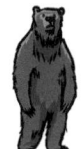

karhu

bear

kameli

ngamera

strutsi

mhou

leijona

shumba

apina

tsoko

flamingo

flamingo

papukaija

parrot

jääkarhu

bear rekuchando

pingviini

penguin

hai

shark

riikinkukko

pikoko

käärme

nyoka

krokotiili

garwe

eläintarhanhoitaja

muchengeti wenzvimbo
yemhuka

hylje

seal

jaguaari

jaguar

poni

nyurusi

leopardi

ingwe

virtahepo

mvuu

kirahvi

twiza

kotka

gondo

villisika

nguruve yemusango

kala

hove

kilpikonna

kamba

mursu

walrus

kettu

gava

gaselli

nhoro

amerikkalainen jalkapallo
bhora rekuAmerica

pyöräily
kuchovha

tennis
tenisi

koripallo
bhora rebhasiketi

uinti
kutuhwina

jääkiekko
hockey yemuchando

nyrkkeily
tsiva

jalkapallo
nhabvu

sulkapallo
badminton

yleisurheilu
zvekumhanya

käsipallo
bhora remaoko

hiihto
kuita ski

poolo
polo

aktiviteetit
mabasa

hypätä
kusvetuka
halata
kumbundira
nauraa
kuseka
kävellä
kufamba
laulaa
kuimba
unelmoida
kurota
rukoilla
kunyengetera
suudella
kutsvoda

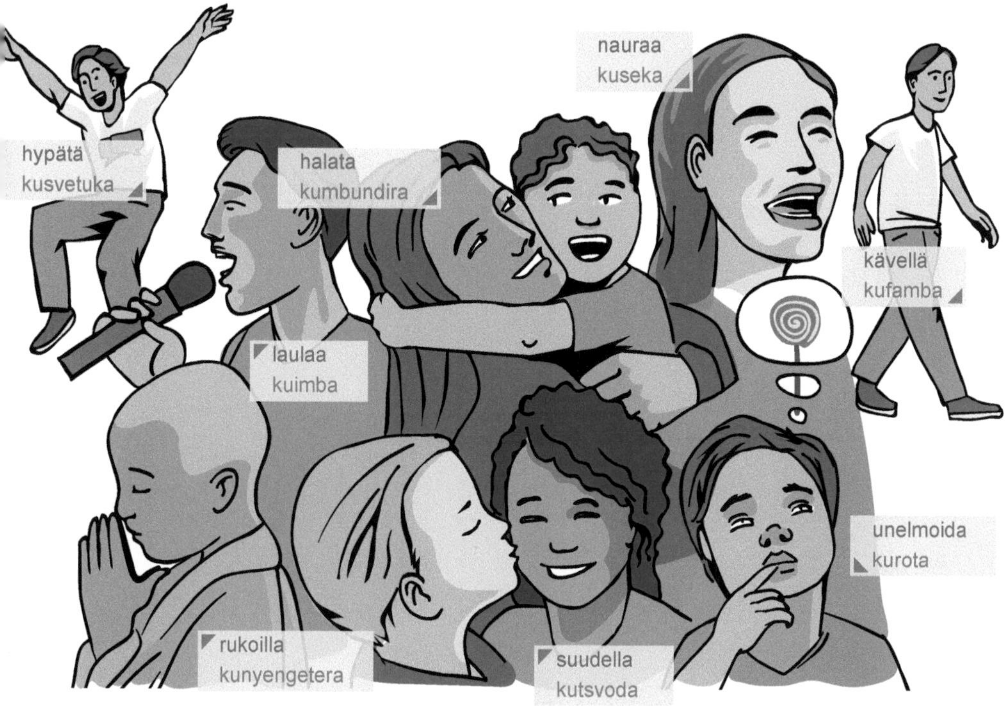

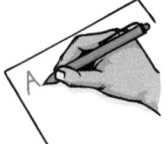

kirjoittaa

nyora

piirtää

kudhirowa

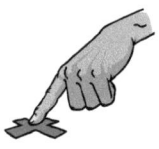

näyttää

kuratidza

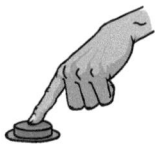

painaa

kusunda

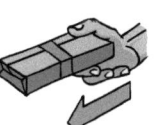

antaa

kupa

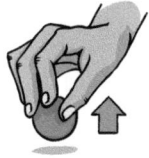

ottaa

kutora

omistaa

kuva ne

tehdä

kuita

olla

kuva

seisoa

kumira

juosta

kumhanya

vetää

kudhonza

heittää

kukanda

kaatua

kudonha

maata

kurara

odottaa

kumirira

kantaa

kutakura

istua

kugara

pukeutua

kupfeka

nukkua

kurara

herätä

kumuka

katsoa
kutarisa

itkeä
kuchema

silittää
kupuruzira

kammata
kukama

puhua
kutaura

ymmärtää
kunzwisisa

kysyä
kubvunza

kuunnella
kuteerera

juoda
kunwa

syödä
kudya

siivota
kuchenesa

rakastaa
kuda

keittää
kubika

ajaa
kutyaira

lentää
kubhururuka

purjehtia

kufambiswa nemhepo

laskea

kakureta

lukea

kuverenga

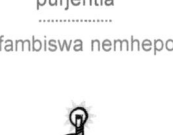

oppia

kudzidza

työskennellä

kushanda

mennä naimisiin

kuroora / kuroorwa

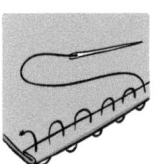

ommella

kusona

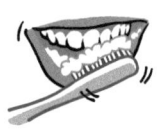

pestä hampaat

kukwesha mazino

tappaa

kuuraya

tupakoida

kuputa

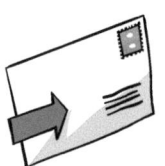

lähettää

kutumira

perhe
mhuri

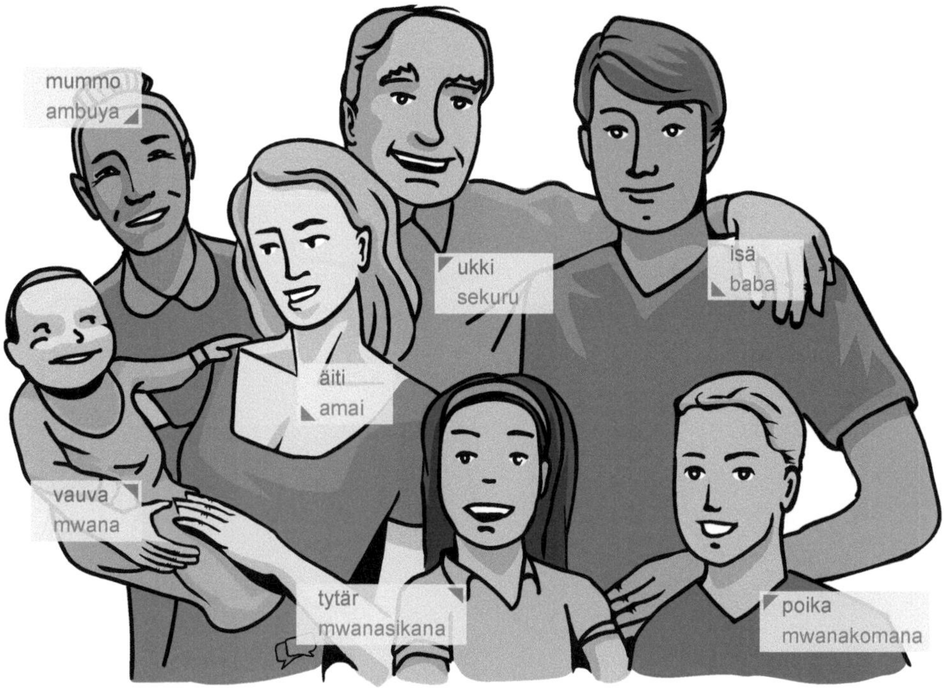

mummo
ambuya
ukki
sekuru
isä
baba
äiti
amai
vauva
mwana
tytär
mwanasikana
poika
mwanakomana

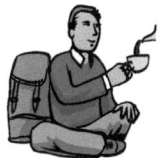

vieras

muenzi

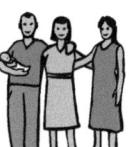

täti

tete

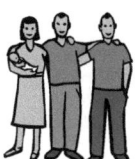

setä

sekuru

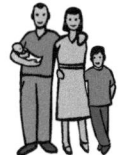

veli

hanzvadzikomana

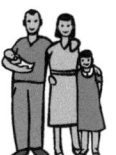

sisko

hanzvadzisikana

vartalo

muviri

otsa
huma
silmä
ziso
olkapää
bendekete
sormet
munwe
kasvot
chiso
leuka
chirebvu
käsi
ruoko
jalka
gumbo
rinta
chipfuva
käsivarsi
ruoko

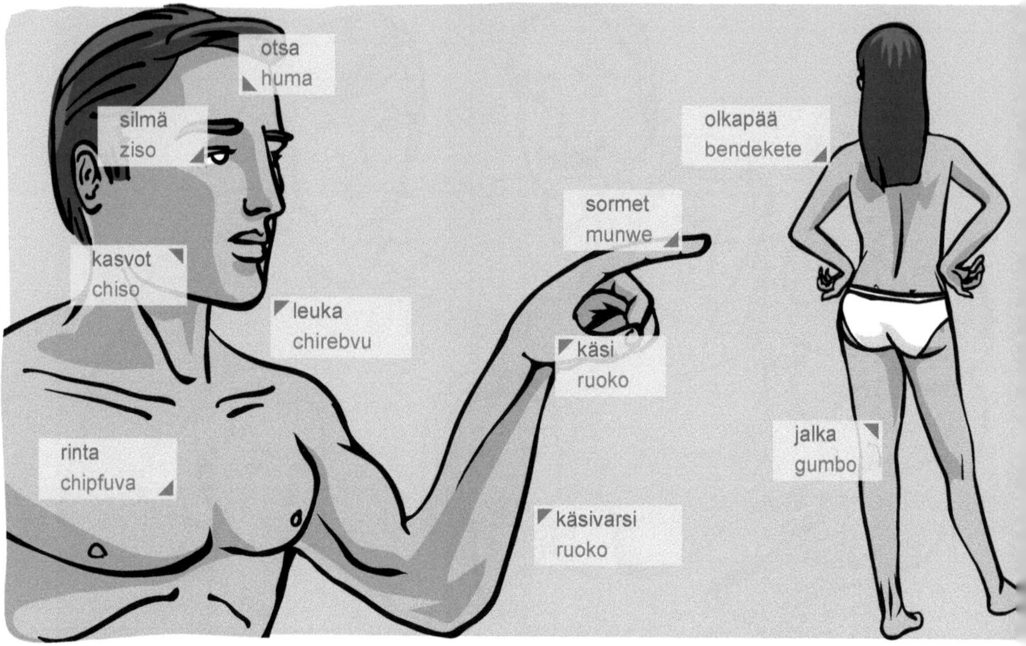

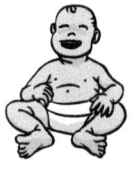

vauva

mwana

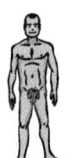

mies

murume

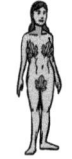

nainen

mukadzi

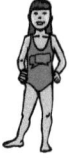

tyttö

musikana

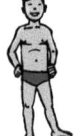

poika

mukomana

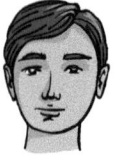

pää

musoro

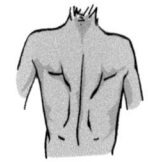

selkä

musana

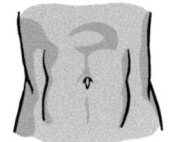

maha

dumbu

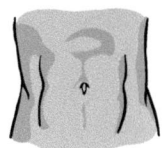

napa

guvhu

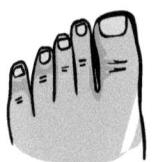

varvas

chigunwe

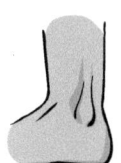

kantapää

chitsitsinho

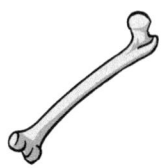

luu

bhonzo

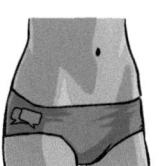

lantio

hudyu

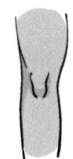

polvi

ibvi

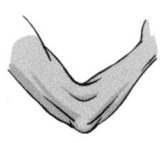

kyynärpää

gokora

nenä

mhino

takapuoli

garo

iho

ganda

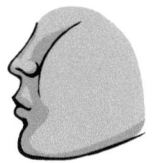

poski

dama

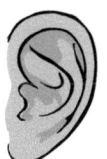

korva

nzeve

huuli

muromo

suu

mukanwa

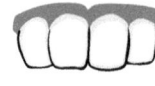

hammas

zino

kieli

rurimi

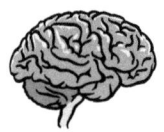

aivot

uropi

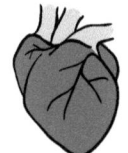

sydän

mwoyo

lihas

tsandanyama

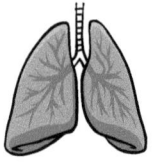

keuhkot

bapu

maksa

chitaka

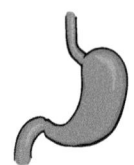

vatsa

dumbu

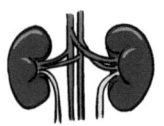

munuaiset

itsvo

seksi

kuita bonde

kondomi

kondomu

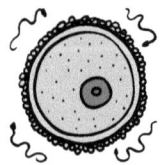

munasolu

zai

sperma

urume

raskaus

nhumbu

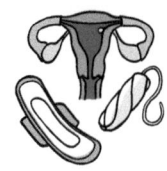

kuukautiset

kuenda kumwedzi

vagina

sikarudzi

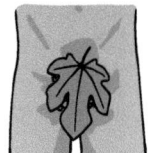

penis

mboro

kulmakarvat

tsiye

hiukset

bvudzi

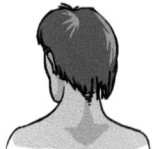

niska

mutsipa

sairaala
chipatara

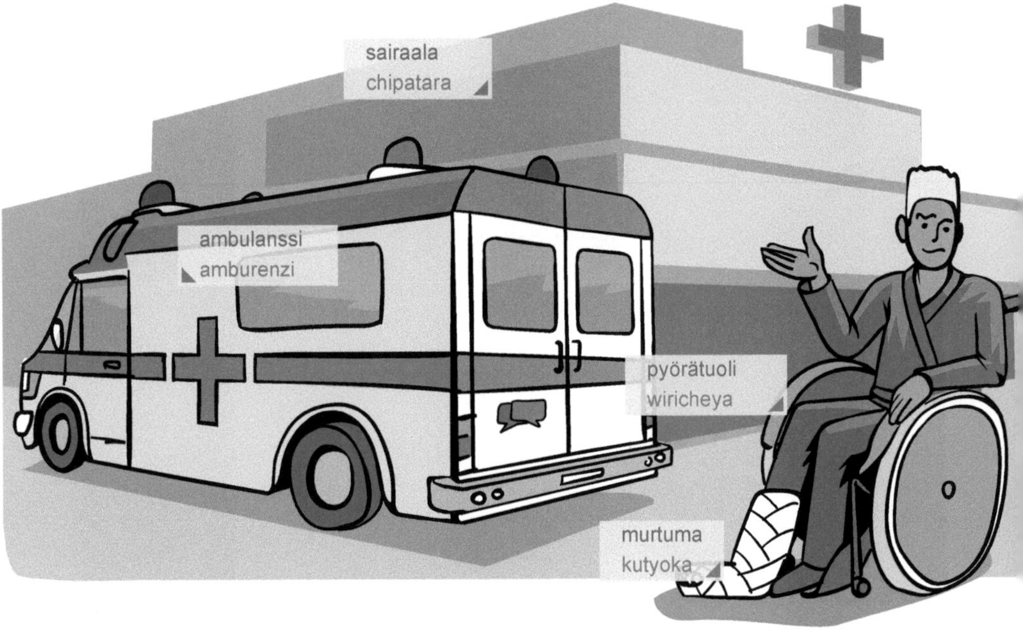

sairaala
chipatara
ambulanssi
amburenzi
pyörätuoli
wiricheya
murtuma
kutyoka

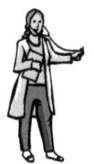

lääkäri

chiremba

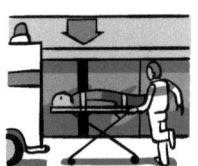

ensiapu

imba yerubatsiro

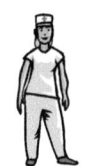

sairaanhoitaja

nesi

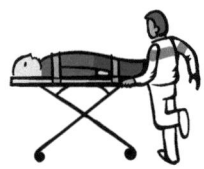

hätätilanne

zvekukurumidza

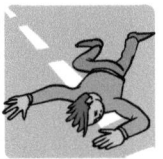

tajuton

kufenda

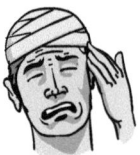

kipu

rwadza

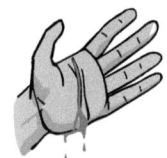

vamma

kukuvara

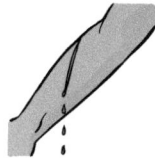

verenvuoto

kubuda ropa

sydänkohtaus

kuerekana mwoyo
usisashandi

aivoinfarkti

kuoma rutivi

allergia

zvinorwarisa

yskä

chikosoro

kuume

fivha

flunssa

furuu

ripuli

manyoka

päänsärky

kutemwa nemusoro

syöpä

mhuka

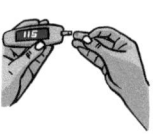

diabetes

chirwere cheshuga

kirurgi

muvhiyi

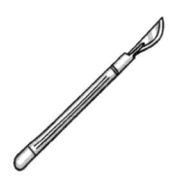

veitsi

kabanga keoparesheni

leikkaus

oparesheni

ct
CT

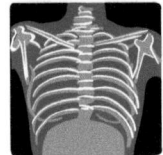

röntgen
x-ray

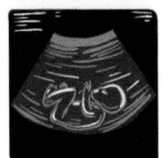

ultraääni
ultrasound

maski
chekuvharisa mhino nemuromo

sairaus
chirwere

odotushuone
mekumirira kurapiwa

sauva
chidhondoro

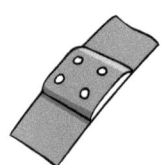

laastari
purasita

side
bhandiji

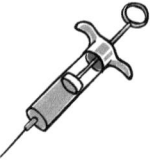

pistos
jekiseni

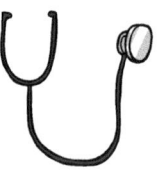

stetoskooppi
chekuteerera nacho mukati

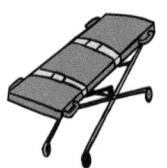

paarit
kamubhedha kemurwere

kuumemittari
chekutoresa nacho tembiricha

syntymä
kuzvara

ylipaino
kufuta

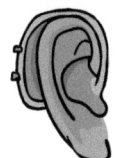

kuulolaite

chekubatsira kunzwa

desinfiointiaine

mushonga unouraya
utachiona

infektio

utachiona

virus

vhairasi

HIV / AIDS

HIV / AIDS

lääke

mushonga

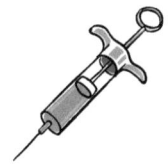

rokotus

kudzivirira zvirwere

tabletit

mapiritsi

pilleri

piritsi

hätäpuhelu

kufonera rubatsiro ipapo
ipapo

verenpainemittari

muchina wekuyeresa BP

sairas / terve

kurwara / kugwinya

Apua!

Maiwe!

hälytys

bhero

ryöstö

kurwisa

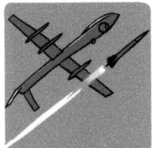

hyökkäys

kurwisa

vaara

ngozi

hätäuloskäynti

pekupuda napo zvechimbi-
chimbi

Tulipalo!

Moto!

palosammutin

chekudzimisa moto

onnettomuus

tsaona

ensiapulaukku

zvinhu zvefirst aid

SOS

SOS

poliisilaitos

mapurisa

Eurooppa

Europe

Pohjois-Amerikka

Kuchamhembe kweAmerica

Etelä-Amerikka

Kumaodzanyemba
kweAmerica

Afrikka

Africa

Aasia

Asia

Australia

Australia

Atlantin valtameri

Atlantic

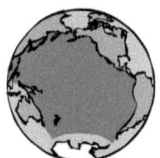

Tyynimeri

Pacific

Intian valtameri

Nyanza yeIndia

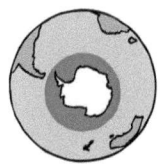

Eteläinen jäämeri

Nyanza yeAntarctic

Pohjoinen jäämeri

Nyanza yeArctic

pohjoisnapa

Kuchamhembe

etelänapa

Kumaodzanyemba

Antarktis

Antarctica

maa

Nyika

maa

nyika

meri

gungwa

saari

chitsuwa

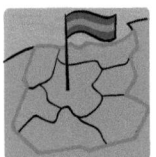

kansa

nyika

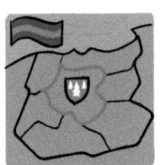

osavaltio

nyika

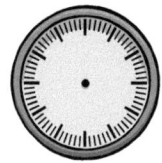

kellotaulu

wachi

tuntiviisari

chinongedza awa

minuuttiviisari

chinongedza miniti

sekuntiviisari

chinongedza masekondi

Paljonko kello on?

Inguvai?

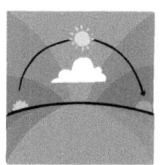

päivä

zuva

aika

nguva

nyt

izvozvi

digitaalikello

wachi yemanhamba

minuutti

miniti

tunti

awa

viikko
vhiki

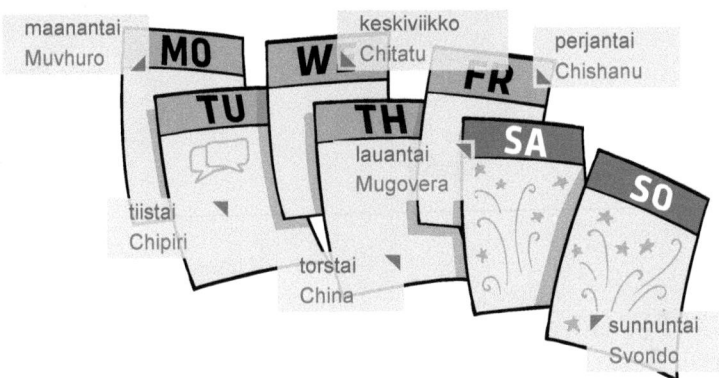

maanantai
Muvhuro

keskiviikko
Chitatu

perjantai
Chishanu

lauantai
Mugovera

tiistai
Chipiri

torstai
China

sunnuntai
Svondo

eilen

nezuro

tänään

nhasi

huomenna

mangwana

aamu

mangwanani

keskipäivä

masikati

ilta

manheru

työpäivät

mazuva ebasa

viikonloppu

kupera kwevhiki

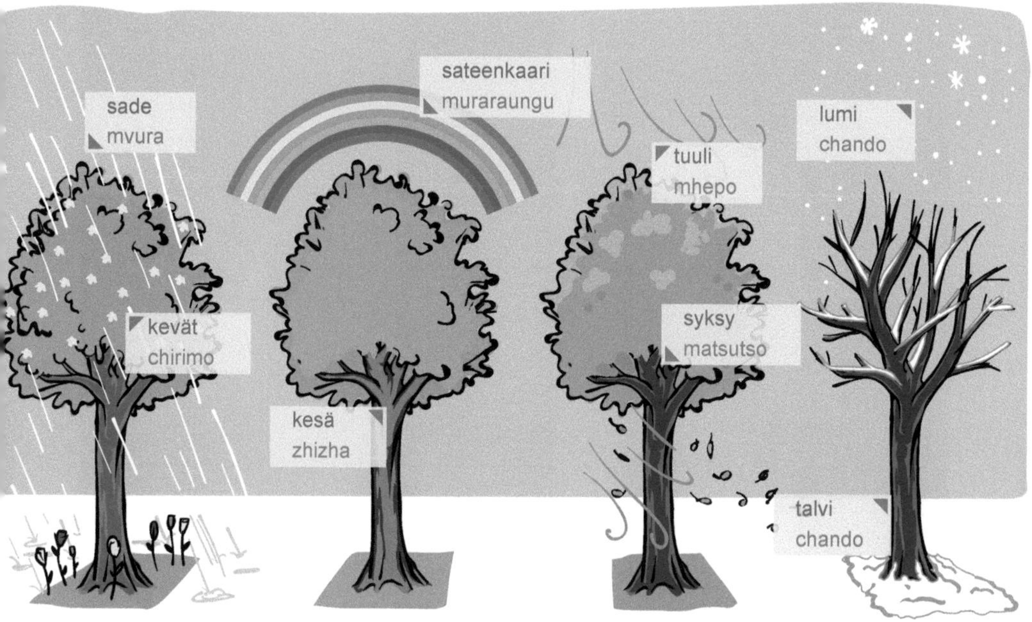

sade
mvura
sateenkaari
muraraungu
lumi
chando
tuuli
mhepo
kevät
chirimo
syksy
matsutso
kesä
zhizha
talvi
chando

4.APRIL 11°
5.APRIL 4°
6.APRIL 13°
7.APRIL 8°
8.APRIL 10°

sääennuste

mamiriro ekunze anofungidzirwa

F C
120 90 60 30 0 -30
40 30 20 10 0 -10 -20

lämpömittari

chekutoresa tembiricha

auringonpaiste

zuva

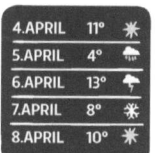

pilvi

makore

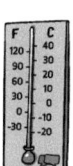

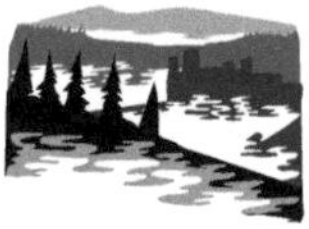

sumu

mhute

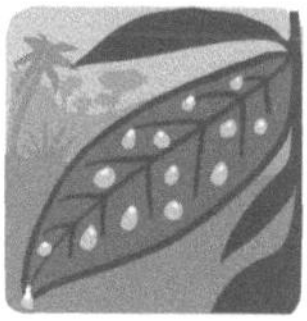

ilmankosteus

hunyoro

salama

mheni

ukkonen

kutinhira

myrsky

dutu

rae

chivhuramabwe

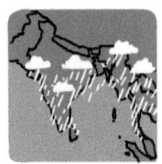

monsuuni

mhepo ine mvura

tulva

mafashamo

jää

mazaya echando

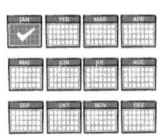

tammikuu

Ndira

helmikuu

Kukadzi

maaliskuu

Kurume

huhtikuu

Kubvumbi

toukokuu

Chivabvu

kesäkuu

Chikumi

heinäkuu

Chikunguru

elokuu

Nyamavhuvhu

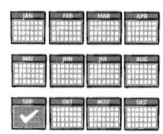

syyskuu
....
Gunyana

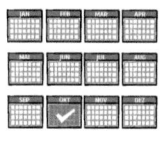

lokakuu
....
Gumiguru

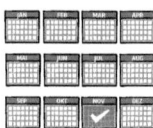

marraskuu
....
Mbudzi

joulukuu
....
Zvita

muodot
mashepu

ympyrä
....
denderedzwa

neliö
....
sikweya

suorakulmio
....
rectangle

kolmio
....
triangle

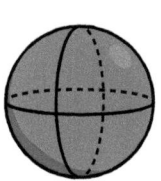

pallo
....
bhora

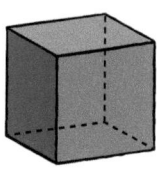

kuutio
....
bhokisi

valkoinen

chena

keltainen

yero

oranssi

orenji

vaaleanpunainen

pingi

punainen

tsvuku

violetti

pepuru

sininen

bhuruu

vihreä

girini

ruskea

kaki

harmaa

gireyi

musta

nhema

paljon / vähän

zvakawanda / zvishoma

vihainen / ystävällinen

hasha / dzikama

kaunis / ruma

naka / shata

alku / loppu

kutanga / kuguma

suuri / pieni

hombe / diki

vaalea / tumma

jeka / rima

veli / sisko

hanzvadzikomana /
hanzvadzisikana

puhdas / likainen

chena / sviba

täydellinen / epätäydellinen

kwana / kusakwana

päivä / yö

masikati / usiku

kuollut / elävä

yakafa / mhenyu

leveä / kapea

pamhamha / tetepa

syötävä / syömäkelvoton

unodyiwa / haudyiwi

paha / kiltti

utsinye / mutsa

innostunut / tylsistynyt

kunakidzwa / kufinhwa

lihava / laiha

kobvuka / tetepa

ensimmäinen / viimeinen

kutanga / kupedzisira

ystävä / vihollinen

shamwari / muvengi

täysi / tyhjä

rakazara / hairina kuzara

kova / pehmeä

oma / pfava

painava / kevyt

rema / reruka

nälkä / jano

nzara / nyota

sairas / terve

kurwara / kugwinya

laiton / laillinen

zvisiri pamutemo / zviri
pamutomo

älykäs / tyhmä

kungwara / kupusa

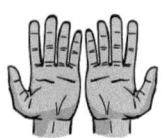

vasen / oikea

ruboshwe / rudyi

lähellä / kaukana

pedyo / kure

uusi / käytetty

matsva / matsaru

ei mitään / jotain

hapana / chiripo

vanha / nuori

kuru / duku

päällä / pois päältä

batidza/dzima

auki / kiinni

vhurika / vharika

hiljainen / äänekäs

nyarara / ruzha

rikas / köyhä

mupfumi / murombo

oikein / väärin

chakanaka / chakaipa

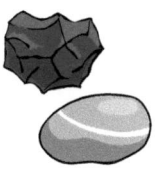

karhea / sileä

kukasharara /
kutsvedzerera

surullinen / iloinen

kusuwa / kufara

lyhyt / pitkä

pfupi / refu

hidas / nopea

nonoka / kurumidza

märkä / kuiva

nyoro / oma

lämmin / viileä

dziya / tonhora

sota / rauha

hondo / rugare

0

nolla

zero

1

yksi

potsi

2

kaksi

piri

3

kolme

tatu

4

neljä

ina

5

viisi

shanu

6

kuusi

nhanhatu

7

seitsemän

nomwe

8

kahdeksan

sere

9

yhdeksän

pfumbamwe

10

kymmenen

gumi

11

yksitoista

gumi neimwe

12

kaksitoista

gumi nembiri

13

kolmetoista

gumi netatu

14

neljätoista

gumi neina

15

viisitoista

gumi neshanu

16

kuusitoista

gumi nenhanhatu

17

seitsemäntoista

gumi nenomwe

18

kahdeksantoista

gumi nesere

19

yhdeksäntoista

gumi nepfumbamwe

20

kaksikymmentä

makumi maviri

100

sata

zana

1.000

tuhat

chiuru

1.000.000

miljoona

miriyoni

englanti

Chirungu

amerikanenglanti

Chirungu chekuAmerica

mandariinikiina

Mandarin yekuChina

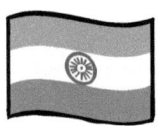

hindi

ChiHindi

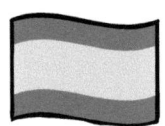

espanja

ChiSpanish

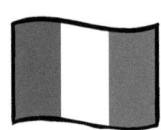

ranska

ChiFrench

arabia

ChiArabic

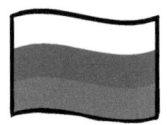

venäjä

ChiRussian

portugali

ChiPortuguese

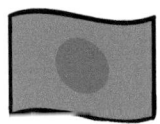

bengali

ChiBengali

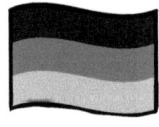

saksa

ChiGerman

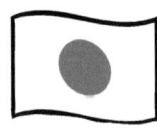

japani

ChiJapanese

minä

ini

sinä

iwe / imi

hän

iye

me

isu

te

imi

he

ivo

kuka?

ani?

mitä / mikä?

chii?

miten?

sei?

missä?

kupi?

milloin?

riini?

nimi

zita

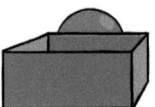

takana

seri

sisällä

mukati

edessä

pamberi

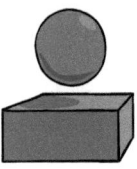

yläpuolella

nepamusoro

päällä

pamusoro

alapuolella

pasi

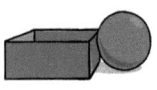

vieressä

divi

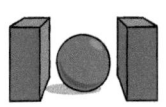

välissä

pakati

paikka

nzvimbo